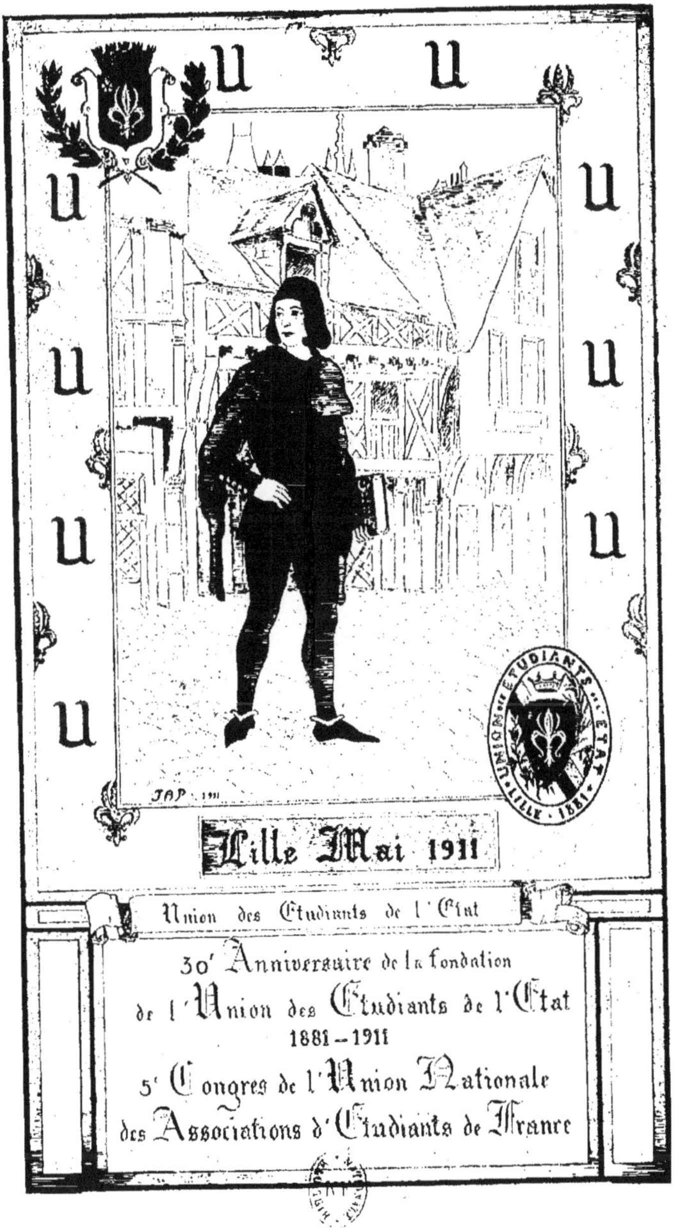

Lille Mai 1911

Union des Etudiants de l'Etat

30ᵉ Anniversaire de la fondation
de l'Union des Etudiants de l'Etat
1881 – 1911
5ᵉ Congrès de l'Union Nationale
des Associations d'Etudiants de France

Photo Piccolati

Monsieur Georges LYON

Recteur de l'Académie de Lille
Président du Conseil de l'Université
Président du Conseil d'Administration de la Maison des Etudiants

UNION DES ÉTUDIANTS DE L'ÉTAT

MAISON DES ÉTUDIANTS
49, Rue de Valmy, 49
LILLE

FÊTES UNIVERSITAIRES

A L'OCCASION DU

XXXᵉ ANNIVERSAIRE

de la

Fondation de l'Union des Etudiants de l'Etat

et du

Vᵉ CONGRÈS

de l'Union Nationale des Associations d'Étudiants de France

LILLE - 14-16 MAI 1911

COMPTE=RENDU

LILLE=UNIVERSITÉ

Nº 7. - Juin 1911

NUMÉRO SPÉCIAL - PRIX : UN FRANC

A Monsieur le Ministre de l'Instruction Publique

A Monsieur Georges LYON,
Recteur de l'Académie, Président du Conseil de l'Université
A Messieurs les Professeurs de l'Université de Lille

A Monsieur Charles DELESALLE,
Maire de Lille
et à Messieurs les Membres du Conseil Municipal

A Monsieur le PRÉFET DU NORD
et à Messieurs les Conseillers Généraux

A Messieurs les Membres du Conseil d'Administration
de la Maison des Étudiants
et du Comité de Patronage de l'Union Nationale
des Associations d'Etudiants de France

A tous nos Amis,
Membres Bienfaiteurs, Membres d'Honneur, Membres
Honoraires, Présidents Honoraires
et généreux donateurs

HOMMAGE DE RECONNAISSANCE

L'UNION DES ÉTUDIANTS DE L'ÉTAT

Vᵉ CONGRÈS

de l'Union Nationale des Étudiants de France

(Fondée à Lille en 1907)

SOUS LE HAUT PATRONAGE DE M. LE MINISTRE DE L'INSTRUCTION PUBLIQUE

Présidents d'Honneur

MM. R. POINCARÉ, ancien Ministre, Sénateur de la Meuse, Membre de l'Académie Française, Président du Comité de Patronage de l'Union Nationale des Associations d'Étudiants de France.

VINCENT, Préfet du Nord.

LYON, Recteur de l'Académie de Lille.

Le Général DAVIGNON, Commandant le 1ᵉʳ Corps d'armée.

DELESALLE, Maire de Lille.

Membres du Comité d'Honneur

MM. DAMIEN, Doyen de la Faculté des Sciences.

COMBEMALE, Doyen de la Faculté de Médecine.

LEFEVRE, Doyen de la Faculté des Lettres.

PILON, Doyen de la Faculté de Droit.

Les Sénateurs et Députés du Nord, du Pas-de-Calais, de la Somme, de l'Aisne et des Ardennes.

Maxime DUCROCQ, Notaire de l'Université, Secrétaire de l'Union Nationale des Associations d'Étudiants de France.

VAN CAUWENBERGHE, Président du Conseil général.

LEDIEU-DUPAIX, Consul des Pays-Bas et du Luxembourg pour le Nord, Président de la Société d'Extension Universitaire.

DELAUNE, Président de la Société des Amis de l'Université.

4

COMITÉ D'ORGANISATION

Président	MM. Barat, Président de l'Union des Étudiants de l'État.
Vice-Présidents . . . . Chargés des réunions corporatives	Lambert, Président de l'A. de Pharmacie, Vice-président de l'U.
	Roget, Président de la Section de Lettres, Vice-président de l'U.
	Fontan, Président de la Section de Médecine.
	Lecompte, Président de la Section de Droit.
	Cisewsky, Président de la Section de Sciences.
Commissaire général du Congrès	Decroix, M., Vice-Président de l'Union nationale des A. d'Étudiants, Président honoraire de l'U. de Lille.
Secrétaire général. . .	Biebuyck, Secrétaire général de l'U.
Secrétaires adjoints. . .	Guelliot.
	Dufour, A.,
Trésorier général . . .	Louart, Trésorier de l'U.
Trésorier adjoint . . .	Dupret.
Administrateur général.	Clarinval, G.
Régisseur général . . .	Lefebvre, M.
	Lambert.
Administrateurs. . . .	Bantegnies.
	Roget.
	Bavière,
Commissaires sportifs. .	Beaurepaire.
	Taquet.
Membres	Bourdon, Cambay, Desgardin, Desmoulin, Dubus, Gosselin, Hoérée, Joye, Potez, Pouteau.

Après avoir vécu les douces heures des Congrès
d'Étudiants, on aime s'en rappeler les souvenirs. On
aime à penser aux travaux accomplis dans le commun
effort, aux résultats acquis. On aime à penser aux amitiés
que la solidarité, la bonne camaraderie estudiantine,
jointe à l'enthousiasme de la jeunesse ont fait éclore en
ces belles journées. On aime aussi à penser à la franche
gaîté, aux fêtes bruyantes et joyeuses, aux vadrouilles
échevelées derrière des fanfares éclatantes et pittoresques.

Mais tout passe, ici-bas. Tout s'efface, même le souvenir. Or, nous voudrions, dans ces quelques pages,
fixer pour un avenir aussi long que possible, ce que
plus tard notre mémoire infidèle déformerait sans doute,
ou peut être oublierait. Et, si quelque chose doit survivre
c'est surtout le nom de tous ceux qui, dans un élan de
générosité spontanée, ont permis de réussir ce Congrès,
de donner à nos réjouissances toute l'ampleur que récla-
maient nos traditions.

Merci donc à notre vénéré Recteur, M. Lyon, dont
l'appui constant, dont les conseils éclairés ont grandement
facilité notre tâche.

Merci à Monsieur le Maire de la Ville de Lille et au
Conseil Municipal dont les Étudiants sont les enfants
gâtés.

Merci à Monsieur le Préfet, au Conseil Général du Nord
et à son Président qui n'ont rien négligé pour nous assurer
le succès.

Merci au Gouvernement de la République dont la
bienveillance ne nous a point fait défaut.

Merci à M⁰ Maxime Ducrocq qui tient tant à son

titre de fondateur de l'Union Nationale, à M. Armand
Sée, qui fut aussi l'un de nos aînés.

Merci à tous nos amis et surtout à cet aimable
anonyme dont l'aide nous fut précieuse.

Nous ne saurions faire sans dire combien l'hospitalité
offerte par la Cie des Mines de Lens nous fut agréable et
quel plaisir nous avons éprouvé en rencontrant, lors de
notre excursion au « pays noir », tant de sympathies.

MM. les Doyens et de nombreux Professeurs sont
venus s'associer à notre œuvre. Nous leur renouvelons
l'expression de notre profonde reconnaissance.

Le Conseil de l'Université nous avait d'ailleurs fait
un présent qui fut particulièrement apprécié de tous en
accordant des vacances pendant les jours de nos réjouissances.

Camarades qui avez répondu à notre invitation fraternelle ; qui êtes venus apporter à notre Université les
vœux des Universités de France, le vibrant souvenir
de l'Université d'Alsace-Lorraine, le salut cordial des
Universités de Belgique, de Danemark et de Finlande,
recevez, vous aussi, notre cordial merci pour l'enthousiasme avec lequel vous êtes venus apprécier notre hospitalité lilloise qui, à vous entendre, serait devenue
proverbiale dans le monde des Etudiants.

Pourquoi l'Union des Etudiants de l'Etat de Lille a organisé le Ve Congrès de l'Union Nationale des Étudiants de France.

L'Union Nationale est née à Lille, lors des inoubliables fêtes de mai 1907. Notre association a pris à sa création une part très active.

Malgré le scepticisme de quelques-uns, notre œuvre était née viable et son existence, ainsi que les succès obtenus l'ont nettement prouvé. Elle comprend maintenant la presque unanimité des groupements estudiantins de France.

Depuis quatre ans elle tenait régulièrement ses assises. On s'était d'abord retrouvé à Alger, puis à Nancy, l'an dernier Paris abritait la discussion de nos intérêts.

Cette année, diverses Universités avaient revendiqué le Ve congrès. Des circonstances imprévues ont forcé nos amis à renoncer à leur projet. Les Etudiants lillois ont eu à cœur de ne pas laisser dépérir une tradition née chez eux. De plus n'avions nous pas à fêter le XXXe anniversaire de notre Association. L'Assemblée Générale décidait d'organiser le congrès le 22 février 1911. Deux mois à peine nous séparaient de la date fixée (11-14 mai 1911). L'activité, le dévouement des membres du Comité d'organisation, dont nous tairons les noms pour ne pas froisser leur modestie, nous ont permis de réaliser le vœu émis par l'A. G. Les encouragements d'ailleurs nous furent prodigués de toutes parts et nous avons déjà dit combien nous devions de reconnaissance à ces amis de tous les instants.

Puisse l'exemple donné par l'Union des Etudiants de Lille, n'être pas perdu pour l'avenir et servir à rendre aussi longue et aussi fructueuse que possible la série de nos Congrès.

Ce compte-rendu est illustré de quelques photogravures, reproduction des clichés des Maisons Cayez et Piccolati ou prêts gracieux du *Nord Illustré* et du *Journal de Roubaix,* de culs-de-lampe de nos camarades Andrès, H. Raoust et Jap ; et de deux projets d'affiche exécutés par nos camarades André Pajot, étudiant en droit et Charles Leclercq, étudiant en médecine. — Les circonstances n'ont pas permis que l'un de ces projets fut choisi.... d'aucuns le regretteront avec nous.

La commande de l'affiche a été donnée à M. Breyne, lithographe à Lille, qui nous a donné la frise pittoresque — trop pittoresque au dire de quelques ascètes —, qui a orné les murs de notre cité pendant plusieurs semaines.

PREMIÈRE JOURNÉE

Jeudi 11 mai 1911

1. — L'Arrivée des Délégués

Dès 4 heures, grand branle-bas à la Maison des Etudiants. Les membres de l'U. se groupent derrière l'épique phalange des Bigotphones et les drapeaux de l'U. et de l'A. A., — et en route vers la gare.

Les paisibles habitants de notre cité, déjà avertis par la pittoresque affiche signée de l'artiste Breyne, nous regardent avec curiosité.... et admiration ! Sur leurs lèvres paraît un sourire qui se nuance peut-être d'un peu d'inquiétude : « Quand ces diables s'en mêlent on ne peut plus dormir tranquilles. En voilà pour plusieurs nuits d'insomnie ! »

Nous sommes arrivés. Des trains s'arrêtent. Des bérets saluent nos bérets. Des casquettes s'agitent, des mains se tendent. C'est l'heure des effusions. Partout la joie. Partout la gaité. Des amis se retrouvent. Elle est vraiment bonne cette tradition des congrès. Et ma foi je crois que si notre grand poète Hugo vivait encore, il aurait pu écrire que

> .....« Le mois de Mai
> Sans Congrès,
> Ce n'est pas le mois de Mai. ».....

Mais soudain parmi les drapeaux qui se groupent, se déploie celui de l'Association Pharmaceutique d'Alsace-Lorraine. Une ovation enthousiaste est faite à nos camarades des provinces perdues. Sous la direction de la baguette magique du maëstro Gustave, les Bigotphones exécutent une Marseillaise retentissante. Puis les délégués des pays étrangers sont reçus aux accents de leurs hymnes nationaux et le vin de l'amitié est offert à nos invités au Café Delcourt.

Parmi les délégués on aperçoit : Carcassone et Pascal,

La Rentrée à la Maison des Etudiants

d'Aix ; Caillet, Bocquet, Huet, Gaudefroy et d'Hérissart,
d'Amiens ; Crochard, président, de Caen ; Coquillon, président, Mareschal, Goudet, A. Jacob, E. Jacob, H. Jacob, R. de
Saint-Michel, F. de Saint-Michel, de Dijon ; Mazen, président, Vouyelle, Trinouillas, Larondie, Farnarier, président,
Raillard, de Marseille ; Pilla, président, Fery, Kahn, Becker,
Lemanais, Tournayre, Ritter, de Nancy ; Chaix, de Montpellier ; Tourolle, président, Becker, Boudine, Dechartres, Laxine,
Prado, Azandre, Delcourt, Vaincant, Courteneuve, Ytasse,
de l'A G. de Paris ; Gibert, président de l'A. A. des Étudiants
en pharmacie de Paris et Tanret ; Pérot, président, de Poitiers ;
Fréjoul et Pujol, de Toulouse ; de nombreux représentants de
la corporative de médecine : Lemaitre et Drapier, de Paris
(La Pieuvre). Puis c'est Pirenne, Aisenbud, vice-présidents
de la Fédération des Étudiants libéraux de Gand ; Herquelle,
vénérable des Corbeaux de Gand ; Derwer, Christas, Aris-
tiades, Wauthy et Duchamps, de Gand ; Moreau, Colbrant,
Lœbel de la Fédération des Étudiants de l'École des Mines de
Mons ; Rottenburg, Lœflles de la Générale des Étudiants
libéraux de Gembloux ; Ludwig Dyrland du Studenterfo-
reiningen, de Copenhague ; Arne Joergensen, d'Helsingsfors
(Finlande), etc.

Enfin, Humbert, de l'Association des Étudiants en pharmacie de Strasbourg (P. V. E. L.) ; Matter et Vonderweidt,
du Cercle des Étudiants Alsaciens-Lorrains ; Clave de l'A. G.
des Étudiants Alsaciens-Lorrains.

Alors le défilé commence à travers Lille, les étendards
flottant largement, cependant que nos inlassables fanfaristes
nous entraînent aux sons éclatants de leurs marches d'allé-
gresse.

II. — La réception à la Maison des Etudiants

Après avoir parcouru joyeusement la rue Faidherbe, la
Grand'Place, la rue Neuve, la rue de Béthune, la place de la
République, la rue Nicolas-Leblanc, la place Philippe Lebon,
on aperçoit la Maison des Etudiants. Des trophées de drapeaux
flottent au balcon encadrant le drapeau de l'U — Et l'assaut
commence. En un instant la vaste salle des fêtes est envahie.

Barat souhaite d'abord la bienvenue aux délégués. Le cama-

rade Tourolle, de l'Association Générale des Etudiants de
Paris prend à son tour la parole et nous convie à « rester
jeunes, car, dit-il rien n'est plus beau que la jeunesse » ; les
rires soulevés par ses délicats trait d'esprits s'apaisent et
Pilla de Nancy vient rendre hommage à la Ville de Lille dont
l'affable accueil est devenu légendaire. Puis c'est Coquillon,
Président de l'Association Générale de Dijon, c'est Crochard,
Président de l'Association Générale de Caen, c'est Gibert, au
nom des pharmaciens de Paris, c'est Mareschal, Vice-
Président de l'Union Nationale, c'est Caillet de l'Association
Générale des Etudiants d'Amiens, c'est Pérot, le Président de
nos amis de Poitiers, c'est Mazen, le Président des camarades
de Limoges. Leurs toasts sont fleuris de compliments et font
éclater des salves répétées d'applaudissements.

Mais Barat nous annonce que Jean Matter demande à
prononcer quelque mots. Aussitôt, un silence émouvant se
fait. Tous semblent se recueillir. D'une voix qui voudrait
rester calme pour garder toute sa force, dont l'émotion
cependant resté perceptible, il apporte, dit-il, aux étudiants de
France « les sympathies de l'Alsace-Lorraine, sincères et
vivaces malgré la distance » — « Je salue, dit-il, la mère
patrie que ceux qui nous gouvernent aujourd'hui voudraient
nous voir oublier. Nous savons et nous n'oublierons jamais
que la France est toujours le berceau de la liberté et du
progrès. Nous gardons précieusement le souvenir de cette
France si belle, si grande, dont nous sommes fiers d'avoir
fait partie. »

Sans doute le délégué d'Alsace-Lorraine doit mesurer
l'expression de sa pensée, car une oreille semble toujours
tendue pour recevoir ses paroles et s'en servir pour briser
les écueils auxquels se heurte la germanisation, et le Cercle
des Etudiants Alsaciens-Lorrains est un de ces écueils. Or,
de nos jours « à l'ère de résignation a succédé un mouvement
de protestation, de réveil de la conscience Alsacienne pour
obtenir le bon droit et la justice. » Les Alsaciens veulent
« maintenant l'autonomie pour ne pas subir plus longtemps le
joug qui les oppresse. » Un enthousiasme indescriptible
s'empare des Etudiants. Une ovation chaleureuse est faite
à notre ami Matter, dont les dernières paroles sont salués
d'applaudissements répétés, puis d'un triple ban. D'un élan

14

spontané la salle entière entonne un vival, dont la vigou-
reuse envolée dut trouver un écho chez tous ces français des
provinces perdues.

L'émotion est à peine calmée quand Carcasson, d'Aix et
Lœffer, de l'Université de Gembloux nous assurent des
sympathies de leurs camarades. Puis c'est Pirenne, étudiant
libéral de Gand, « Nous protestons vivement, dit-il, contre
certains témoignages de gens qui prétendent qu'il existe en
Belgique un parti hostile à la France. Pouvons-nous oublier
que nous devons tout au génie français. C'est aux sources
intellectuelles et morales de la France que la Belgique a
puisé pour devenir ce qu'elle est aujourd'hui. Tant Flamands
que Wallons, nous voulons marcher dans la voie glorieuse
que vous avez tracée au monde entier. Nous suivons la
France parce qu'elle est le plus merveilleux élément de
civilisation. Pourrait-on douter de la sympathie des Belges
pour votre pays quand on assiste à une réception aussi
grandiose que celle faite à votre Président ? J'y étais. Aussi
puis-je vous assurer qu'elle fut plus belle et plus sincère que
la réception du plus grand potentat de l'Europe. Sur le
passage de M. Fallières fut poussé frénétiquement ce cri de
Vive la France que le peuple belge a sur les lèvres. » Et de
nouveau les salves d'applaudissements crépitent, et de
nouveau, un triple ban est battu.

Vient alors Dyrland, de Copenhague, qui porte un toast à
l'Université de France. Puis Colbrant, de Mons, reprenant une
phrase devenue légendaire entre belges et français, s'écrie en
terminant son discours « Ce soir, on s'embrassera par dessus
les frontières ». De joyeuses acclamations lui répondent.
Mais voici Humbert, un étudiant lorrain, de l'Association des
Etudiants en pharmacie de Strasbourg. Coiffé du béret, qui
est le symbole de nos universités de France, il nous demande
de ne pas oublier la Lorraine. Il offre à Barat un magnifique
bouquet aux couleurs d'Alsace-Lorraine, d'œillets rouges et
blancs, cravaté d'un ruban vert. L'enthousiasme reprend et
des bancs répétés accueillent les paroles de notre ami lorrain.

Chaix, nous rappelle que le béret des Etudiants de
Montpellier fut celui que portait Maître Rabelais. Farnarier,
de Marseille nous adresse les saluts exubérants de ses camarades séparés de nous par la distance. Enfin Clavé, étudiant

de Strasbourg, nous répète avec émotion, combien nos frères d'Alsace et de Lorraine ont gardé l'âme française. On lui fait une splendide ovation.

La série des présentations est close. Barat au nom de l'Union remercie M° Maxime Ducrocq, notaire à Lille, Secrétaire Général de l'U. N. des Etudiants de France de l'aide précieuse qu'il a apportée à l'organisation du 5° Congrès. Il nous dit que M° Ducrocq est un ami de tous les instants, un ami sincère et dévoué, dont le concours est assuré toujours lorsqu'il s'agit de la prospérité de la fédération estudiantine. En gage de la très grande reconnaissance que nous lui devons, il lui offre un bronze d'art : « l'Escholier » de Pigault.

M° Ducrocq répond par une allocution pleine de bonhomie et d'humour, aux éloges que lui décerne Barat. Il exalte le patriotisme des étudiants dont il vient de voir briller la flamme. Il se rappelle lui aussi de la chère vie d'étudiant dont il évoque quelques souvenirs. Puis il nous fait revivre l'existence de l'Union Nationale, à la création de laquelle il a travaillé avec ardeur et conviction, par amour de l'Université et par amour de la patrie. « Cette expression d'Union Nationale, dit-il, renferme les idées les plus nobles et elle constitue par elle même tout un programme. Elle est la synthèse de la camaraderie et de la solidarité. Elle évoque des sentiments d'apaisement, de liberté, de concorde, de tolérance et l'idée de Patrie, c'est à dire ce qu'il y a de plus beau, ce qu'il y a de meilleur, ce pour quoi on doit se sacrifier. » Il se déclare toujours étudiant « un peu vieux, sans doute, mais toujours aussi enthousiaste qu'autrefois. »

Alors Casimir, notre gérant à la face réjouie, paraît entouré de son escouade de garçons. Les coupes où pétille le vin de France, circulent dans la salle, et ma foi, en choquant joyeusement des amitiés s'ébauchent que nous verrons grandir les jours suivants.

La réception finie, nos invités se rendent dans les hôtels où des chambres ont été préparées, grâce aux soins de MM. Legrand et Pouchain. Nos deux amis ont bien voulu en effet, mettre en œuvre au profit de nos invités, le service de logements qu'ils ont organisé au sein de la société d'extension universitaire en vue de faciliter aux étudiants étrangers l'accès de notre Université.

Monsieur Maxime DUCROCQ

Notaire de l'Université
Secrétaire Général du Comité de Patronage de l'Union Nationale
des Associations d'Étudiants de France

Cliché du *Nord Illustré*

ANNIVERSAIRE
Ve Congrès de l'Un
des Associati
d'Étudiants
de France
mai 1911
Lille
tionale

III. — La Retraite aux Flambeaux

Huit heures ! La Maison s'embrase soudain de mille feux de bengales tandis que brillent des ampoules multicolores. En face, dans la rue, les congressistes arrivent et, peu à peu, le monôme se forme aux lueurs des lanternes vénitiennes que supportent de robustes cannes de vadrouilles. La foule curieuse se masse autour de nous, amusée et sympathique.

Et Lambert qui s'est occupé d'organiser la retraite donne le signal ! En tête : les célèbres Bigotphones. Au commandement de l'ami Bantegnies, ils déchaînent leurs souffles. Et le cortège, de sa voix généreuse, entonne leurs refrains. Pour ne pas abuser de nos vaillants instrumentistes, la fanfare de Moulins-Lille qu'accompagne son président notre ami M. Gronier, joue de temps en temps ses pas redoublés les plus joyeux. Des torches encadrent les congressistes. Sur tout le parcours des lumières éclatantes s'allument.

Par les rues Solférino, d'Inkerman, par la place de la République, le boulevard de la Liberté, la rue Nationale, les rangs serrés des congressistes suivent les drapeaux de l'Union des Etudiants de l'Etat de Lille, de l'Association amicale des Etudiants en Pharmacie de Lille, ceux de de l'Association générale des Etudiants libéraux de Gand, de l'Association des Etudiants libéraux wallons de Gand, du Cercle des Corbeaux de Gand, la bannière de la Fédération des Etudiants de l'Ecole des Mines de Mons, celle de l'Association des Etudiants en Pharmacie d'Alsace-Lorraine, les drapeaux de Paris, Dijon, Nancy, Poitiers, etc., etc.

Et l'Etudiant sème à travers Lille son exubérante gaîté. Puis avec le même entrain on regagne la Maison en parcourant, avec un succès sans cesse grandissant, la rue Neuve, la rue de Béthune, la place de la République, la rue Nicolas-Leblanc et la place Philippe-Lebon.

La Fête intime.

Aux accords de la marche du Vᵉ Congrès. la fête commence. L'orchestre de l'U, sous la direction de notre ami, le compositeur Mangeot, recueille une ample moisson de bravos pour sa brillante exécution.

Brusquement, le silence renaît : Mademoiselle Suzanne Delvé, du Conservatoire de Paris, nous déclame, d'une voix charmeresse, deux des joyaux de la littérature contemporaine : *Le Couturier,* de Zamacoïs et *« l'Hymne au Soleil »* de Rostand. A peine ses dernières paroles ont elles pris leur vol que la salle retentit d'acclamations. Un magistral ban exotique est battu en son honneur. Puis, paraît Madame Anny Goet, des Théâtres municipaux de Lille. Avec toute la finesse qu'on lui sait, elle nous détaille quelques exquises chansons du XVIIIᵉ siècle dont chacune lui assure un gros succès. Elle nous révèle entre autres les *Dangers d'une Cueillette de joncs.* Une ovation bruyante lui est faite.

M. Fernand Vast, Professeur de Diction, recueille lui aussi sa large part d'applaudissements après ses monologues :

18

« *Le Lion* », de Catulle Mendès, et « *La Vie* », de Grenet-Dancourt.

Mais voici que revient Mlle Suzanne Delvé. Elle nous chante « *L'heure exquise* » et « *En Sourdine* », deux mélancoliques poésies de Verlaine, mises en musique par Raynaldo Hahn. Un triple ban résonne vigoureusement, qui prouve à la délicieuse artiste l'enthousiasme de la salle.

Le chansonnier Eugène Lemercier termine le programme. Avec ses œuvres nouvelles « *Dans mon Jardin* » — « *Prome-*

19

nade Conjugale » — *« La Dame et le Chien »* — *« Article pour
Enfants »* — *« Confidences de Dames »* — *« Le Philtre et la
Saucisse »,* il sait faire naître la franche gaîté et les étudiants
applaudissent à tant d'esprit et de talent.

Minuit s'approche. La Maison se vide. Tous partent vers
Lilliana, la féerique Brasserie et chacun gambade à qui
mieux-mieux. Le fameux orchestre vocal et instrumental
Lolli nous accueille. Les Etudiants se hissent sur les sièges et
les tables en battant la mesure de la *« Marche Lorraine »* et
de la *« Marseillaise »* d'un geste large et sympathique tandis
que coule à flot la brune bière. Puis chacun s'en va à travers
Lille, jetant de ci, de là, un dernier écho des refrains de la
soirée.

DEUXIÈME JOURNÉE

Vendredi 12 Mai

I. — Séance Solennelle d'ouverture

Dans le grand amphithéâtre, récemment construit, de la Faculté des Lettres, les travaux du V° Congrès commencent sous la Présidence de M. Théodore Barrois, Professeur à la Faculté de Médecine de Lille, Vice-Président du Conseil de l'Université.

A ses côtés, M. Ledieu-Dupaix, Président de la Société d'Extention Universitaire, les Présidents des diverses Associations d'Étudiants françaises et étrangères représentées à nos fêtes. On y remarque également, à côté de Mme Lyon, le charmant Comité de l'Association générale des Étudiantes de Lille.

Monsieur Théodore Barrois ouvre la séance et prononce l'allocution suivante :

MESSIEURS,

Celui que vous appeliez de tous vos vœux à la présidence de vos assises, M. Steeg, Ministre de l'Instruction publique, n'a pu, malgré son vif désir, se rendre à votre invitation. Vous avez gardé durant quelques jours, l'espoir de le voir remplacer par M. Poincaré, ancien Grand-Maître de l'Université, sénateur de la Meurthe, Membre de l'Académie française et Président d'Honneur du Comité de patronage de l'Union Nationale des Associations d'Étudiants de France, mais les circonstances n'ont pas permis à cet espoir de se réaliser.

C'est alors que M. le Ministre de l'Instruction Publique a délégué ses pouvoirs à M. le Recteur Georges Lyon.

Vous savez tous quelle affectueuse sympathie porte M. le Recteur Lyon aux Étudiants et à toutes les questions qui les touchent, avec quelle paternelle bienveillance il les accueille, avec quelle généreuse sollicitude il s'est occupé et continue à s'occuper de leurs intérêts moraux et matériels. Nul n'était donc plus qualifié que lui pour

inaugurer aujourd'hui ce cinquième Congrès, et il se faisait une fê
de vous souhaiter la bienvenue au seuil de vos travaux.

Malheureusement M. le Recteur Lyon, souffrant, a été, à son
très profond regret, contraint de garder la chambre, réservant, sur
l'ordre de son médecin ses forces pour la réception de dimanche.
Il m'a donc prié de l'excuser auprès de vous, en m'informant hier
à midi qu'il m'appelait à le remplacer, en ma qualité de Vice-Président
du Conseil de l'Université de Lille. C'est un grand honneur qui
m'échoit, mais si j'en estime tout le prix, j'en ressens aussi le poids ;
pris à l'improviste, je fais appel à votre bienveillance...

Au nom de M. le Recteur Lyon, empêché, au nom de l'Université
de Lille, je vous adresse un cordial salut et je vous souhaite la
bienvenue : à vous, MM. les Délégués de l'Union Nationale des
Étudiants de France, accourus des points les plus divers de notre
belle patrie, mais, tous mûs par le même désir de confondre vos
aspirations et d'étudier en commun ces questions universitaires et
corporatives dont la simple énumération remplit deux pages de
votre programme ; à vous aussi, MM. les Délégués d'Alsace-
Lorraine, qu'anime un même souffle de fraternelle solidarité ; à vous
encore, MM. les Délégués des Universités étrangères, qui êtes
venus de bien loin, pour quelques-uns, apporter à vos camarades de
France, l'appui de votre sympathie.

L'Université de Lille est heureuse de vous accueillir et de vous
faire fête. Elle ne saurait oublier que c'est ici que s'est à proprement
parler constituée, en 1907, l'Union Nationale des Associations
d'Étudiants de France, dont les premiers linéaments, il faut le recon-
naître, avaient été ébauchés à Marseille l'année précédente. Depuis,
vous avez fait d'active et bonne besogne, tenant successivement vos
Congrès à Alger, à Nancy, à Paris. Ce devait être en 1911 le tour du
midi, mais comme les choses ne s'arrangeaient point au gré de nos
aspirations, vous avez eu la charmante pensée de revenir au pays
flamand, près de ce berceau qui vous *avait* vu naître, et nous vous
en remercions.

Vos débuts ont été un peu mouvementés ; mais la forte impulsion
donnée par les Associations d'Alger, de Caen, de Dijon, de Poitiers et
de Lille ne tarda pas à se généraliser ; les adhésions vinrent peu à
peu de toutes les provinces et bientôt Paris se ralliait à son tour,
nous apportant l'appui de sa force et de son autorité. Aujourd'hui,
sauf Rennes où il n'existe pas d'Association, toutes les Universités
de France ont souscrit à votre groupement et vous formez un impo-
sant faisceau. L'enfant qui quittait Lille il y a cinq ans, esquissant à
peine ses premiers pas, nous revient aujourd'hui sous la forme d'un
gaillard alerte et vigoureux, et de plus expérimenté, comme les
compagnons de jadis à la rentrée de leur traditionnel « Tour de
France ».

Vous avez conçu vos Congrès comme des réunions professionnelles où vous pourriez utilement, dans une atmosphère d'union, de
concorde et de légalité, discuter tout ce qui a trait à votre vie intellec-

22

tuelle, morale et même à vos conditions matérielles d'existence ; discuter en toute indépendance et en toute liberté, mais aussi sans révolte et avec toute la sage prudence qu'il faut avoir quand on touche à des points aussi complexes et aussi délicats.

C'est pour avoir manifesté en toute occasion votre intention formelle de suivre cette louable ligne de conduite que vous avez trouvé auprès des Pouvoirs publics les plus précieux encouragements pour l'organisation du présent Congrès. Le Grand-Maître de l'Université, M. le Recteur, les membres du Corps enseignant, ne vous ont point ménagé leur appui, pas plus que le Conseil général du Nord et que la Ville de Lille, toujours prête à témoigner de l'intérêt qu'elle porte à l'Université.

Ce bon accueil, vous le devez aussi à l'excellence de votre cause. Votre institution répond à une pensée louable entre toutes. Rien ne peut être plus profitable, si elles sont sérieusement conduites comme votre ferme intention est de continuer à le faire, que ces réunions fraternelles qui confondent ainsi pour quelques jours dans une même action des Étudiants venus des quatre vents de l'horizon, avec des aspirations et des conceptions diverses peut-être, mais unis dans la ferme volonté de collaborer au bien commun et de concentrer leurs efforts unanimes pour chercher à résoudre pacifiquement, sans heurt et sans bouleversement, les plus graves problèmes qui puissent se poser à la jeunesse française !

Vous avez eu le mérite de sentir avant bien d'autres, qu'il ne faut pas de cloisons étanches entre les diverses Universités de France, mais au contraire de larges communications dans l'intérêt supérieur de l'Enseignement et de la haute culture intellectuelle. Vous pouvez en être fiers, car c'est sous l'influence de cette même poussée que s'est fondée l'an dernier l'Office National des Universités de France, patronée par le Parlement, destiné à mettre en contact plus intime les représentants de nos diverses Universités et à leur permettre d'échanger leurs vues sur les moyens les plus propres à assurer la vitalité, le perfectionnement de l'Enseignement supérieur et, disons-le son adaptation aux besoins de la vie moderne. M. le Recteur Lyon, qui est un des membres les plus actifs du Conseil de cet Office National et dont la confiance est grande en l'efficacité de tous ces efforts concentrés, vous en eut parlé avec une compétence qui double les regrets que vous devez éprouver à ne pas le voir ici.

Et maintenant que ce Congrès est ouvert, laissez-moi vous donner l'assurance que nous suivons avec le plus grand intérêt vos travaux, espérant que, de vos discussions courtoises et sérieuses sortiront les solutions de quelques-uns de ces problèmes auxquels je faisais allusion tantôt et qui contribueront à augmenter le bon renom et l'éclat de notre Vieille Université de France.

Barat prend ensuite la parole au nom du Comité d'organisation du Congrès. Il dit combien l'Union des Étudiants de l'Etat de Lille est fière d'avoir été le berceau de l'Union Nationale qui établit entre les Etudiants des Universités de France les plus cordiales relations.

« De même que dans les Universités, la fondation des Associations a fait cesser l'isolement des étudiants, de même, l'Union Nationale des Associations d'étudiants, par ses réunions annuelles rapproche les membres éparpillés de la grande famille des étudiants de France. Bien plus, en conviant à ces fêtes les étudiants étrangers, l'Union Nationale resserre les liens de camaraderie et de solidarité qui doivent unir les étudiants de tous les pays.... Aussi l'Union de Lille, d'où était issu le grand mouvement de concorde de l'Union Nationale se devait ne pas la voir manquer à sa tradition, à ses statuts qui veulent qu'une fois l'an, un Congrès — qui n'est en somme qu'une véritable réunion de famille — réunisse la jeunesse laborieuse du pays.

Mais si les Etudiants de Lille ont pu réaliser ce vœu, ils le doivent à ses nombreux et généreux amis qui les ont aidé dans leur tâche. Barat les remercie chaleureusement ; il exprime sa gratitude envers l'Université si bienveillante, envers M. Barrois et Messieurs les Doyens et Professeurs qui la représentent à cette séance.

Il profite de l'absence de M. le Recteur Lyon pour pouvoir dire, sans avoir peur de blesser sa modestie — tout le bien que les étudiants de Lille pensent de lui et combien est grande la dette de reconnaissance qu'ils ont contractée envers lui... —

Après avoir salué M. Ledieu-Dupaix, Président de la Société d'extension universitaire, bienfaiteur de l'Université, et les personnes qui sont venues apporter, par leur présence, la preuve de l'intérêt qu'ils portent à l'œuvre entreprise, Barat forme les meilleurs vœux pour une entente étroite dans l'élaboration des vœux soumis au Congrès et aussi pour leur prompte réalisation.

Il termine en constatant l'étroit rapprochement que ce Congrès consacre aujourd'hui entre tous les étudiants de France.

Féry, Président de l'Union Nationale, exprime la reconnaissance respectueuse des étudiants de France envers l'Université de Lille si hospitalière ; il prie Monsieur le Professeur Barrois de transmettre ces sentiments au Conseil des Facultés qu'il représente en l'absence de Monsieur le Recteur

Lyon dont il fait l'éloge à son tour. « Toute l'Université Française sait que Monsieur le Recteur de Lille est un père pour les étudiants. Elle sait tout ce que ce recteur modèle a fait pour leur cause. Aussi a-t-elle pour lui une profonde gratitude et une reconnaissance sans bornes ».

Ces phrases prononcées, Féry salue les Etrangers et particulièrement les étudiants de Strasbourg dont il loue l'attachement à la Patrie Française.

A la fin de la séance, Monsieur le Professeur Barrois reprend la parole et prie Madame Lyon, qui assiste à la séance, de se faire, près de M. le Recteur, l'interprète des étudiants.

Séance du Comité de l'Union Nationale

Aussitôt après la séance d'ouverture, le Comité de l'Union Nationale se réunit sous la Présidence de Féry.

Une proposition de modifications des statuts lui est soumise par Barat, Président de l'U de Lille qui demande que les questions exclusivement corporatives soient détachées de la discussion générale pour être discutées seulement par des étudiants intéressés. Il rappelle ce qui s'est passé dans les autres Congrès où des questions se rapportant aux études de médecine, par exemple, ont été discutées par une majorité d'étudiants en droit, etc.

Barat pense qu'il faut y porter remède : l'Union Nationale qui a pour but de faire apporter aux règlements, programmes, décrets ou dispositions de la loi, les modifications que leur adaptation à l'usage journalier a montré nécessaires, n'a pas le droit d'hésiter à accepter pour ses propres statuts les changements désirables ; à titre d'exemple elle doit le faire au plus tôt.

Barat soumet au Comité le projet suivant qui intéresse le titre troisième des statuts de l'Union Nationale.

TITRE TROISIÈME

Art. 29. — L'Union Nationale organise chaque année un Congrès National des Associations d'Etudiants de France.

Art. 30. — Ce Congrès se tient dans la ville Universitaire dont la ou les Associations auront accepté, l'année précédente, d'organiser le Congrès. Chaque Congrès désigne la Ville où il se tiendra l'année suivante.

Art. 31. — Les questions présentées à l'examen du Congrès seront divisées en questions générales et questions corporatives par les soins du Bureau.

Art. 32. — Les questions générales sont préparées et discutées par une ou plusieurs commissions, qui nomment un rapporteur. Celui-ci propose à l'Assemblée Générale une résolution.

Art. 33. — Ont voix délibérative à l'Assemblée Générale, les délégués officiels des Associations, quel que soit le nombre de leurs délégués, et en toutes circonstances. Chaque Association aura un nombre de voix fixé comme suit :

Trois pour les Associations ayant moins de 200 membres ;

Une voix en plus par 200 membres supplémentaires ou fraction de 200.

Si une Association est représentée par plusieurs délégués, un seul d'entre eux sera désigné par les autres pour prendre part au vote.

Art. 34, 35, 36, 37, 38, 39. 40. — (Non modifiés).

Art. 41. — Les questions exclusivement corporatives sont soumises à la discussion de commissions spéciales : Droit, Lettres, Médecine, etc, etc..., composées d'étudiants de ces différentes branches ou de mandataires munis de pouvoirs.

Art. 42. — Ces Commissions se prononceront *en dernier ressort* sur les vœux qui leur seront soumis selon le mode de votation prévu à l'art. 43.

Art. 43. — Dans les Commissions corporatives le vote se fera en comptant pour les Associations autant de voix qu'elles comprendront d'étudiants des différentes branches. Un seul délégué par branche représentera l'Association.

Art. 44. — Les vœux émis par les Commissions seront transmis au Comité de l'U. N. qui pourra les déférer à l'A. G. s'il les juge contraires aux statuts ou susceptibles de porter préjudice à l'Union Nationale.

L'annulation d'un vœu, ainsi déféré, ne pourra être prononcée que par une majorité des 2/3 des voix des Associations représentées au Congrès.

Il n'est pas dérogé à l'Art. 39.

Ce projet est accepté à l'unanimité après une discussion de principe.

Cette modification aux statuts entraîne la répartition des questions soumises au Congrès en deux séries de séances.

1º *Questions générales*, le Vendredi, à 2 heures. (Deux Commissions) ;

2° *Questions corporatives*, le Samedi, à 9 heures. (Cinq Commissions). Droit, Lettres, Médecine, Sciences, Pharmacie.

Photographie des Délégations

Les Délégués des Associations représentées au Congrès se massent sur les marches de la Bibliothèque Universitaire, et M. Cayez, notre sympathique photographe, prend le superbe cliché que nous reproduisons ci-après avec les noms de nos camarades.

Puis le cortège se forme derrière les drapeaux et se rend à l'Hôtel de Ville.

II. — A l'Hôtel de Ville

Dans la grande salle des Mariages, M. Charles Delesalle, maire de Lille, entouré de MM. Laurenge, adjoint, Delos, Remy, Désiré Danel, Ducastel, Coutel, Gronier, Lessenne, Coilliot, etc., Conseillers municipaux, Assoignon, Secrétaire, général de la Mairie, attend les Etudiants de France et leurs invités.

Nos camarades français et étrangers sont présentés par Decroix, Président honoraire de l'Union des Etudiants de Lille et Vice-Président de l'Union Nationale, à M. Delesalle qui leur donne une cordiale poignée de main. Puis M. le Maire prend la parole pour leur souhaiter la bienvenue dans la ville et il rappelle l'accueil chaleureux qui fut réservé aux congressistes de 1907. « A Lille, dit-il, nous aimons beaucoup, les étudiants parce qu'au sein de notre laborieuse cité ils représentent le travail intellectuel qui aide et féconde l'industrie, parce qu'ils apportent chez nous leur jeunesse, leur entrain et leur enthousiasme. On les aime encore parce qu'à quelque œuvre de bienfaisance qu'on les convie, ils sont toujours prêts à se dévouer. Les amis des Etudiants sont nos amis. Je salue de grand cœur, au nom de notre ville, les représentants des Universités de France et les délégués des nations étrangères. Je salue nos amis de Belgique, les Etu-

diants de Finlande et Danemark, et les Enfants de la cité de
Strasbourg. Je les salue ces fiers enfants d'Alsace-Lorraine
qui n'oublient pas que leur statue, voilée de crêpe, voisine sur
la place de la Concorde avec celle de Lille. Mes amis, vous
êtes venus travailler, fraterniser, vous amuser. Travail et
plaisir c'est le lot de la jeunesse. Je suis un ardent ami des
jeunes et je serai loin de vous faire un grief d'un peu d'exubé-
rance. » Et M. Delesalle, pour terminer, souhaite plein succès
à notre Congrès nous demandant seulement qu'en échange de
toutes les libertés nous professions un respect « relatif » du
sommeil Lillois.

Les Congressistes, mis en gaité, applaudissent avec fré-
nésie.

Barat s'avance et remercie la municipalité lilloise. Il
nous rappelle combien elle fut toujours bienveillante pour
l'Union et qu'elle a d'ailleurs aidé à organiser le Congrès de
ses deniers offerts généreusement. Féry, Président de
l'Union Nationale, avec cette délicatesse qui le caractérise,
sait trouver le mot qui exprime les sentiments de tous nos
invités vis à vis de l'amabilité de nos édiles lillois. Chacun de
ces discours est ponctué d'un ban sonore. Puis les coupes
circulent. Le champagne pétille et chacun boit aux jours
heureux du Congrès.

Vendredi soir

Réunion des Commissions

La séance est réservée aux questions d'ordre général.

D'un côté, c'est Mareschal qui préside. Après une discussion très animée, après des lectures de rapports documentés
on aboutit à condenser les désirs des étudiants au point de
vue universitaire dans un certain nombre de vœux qui
doivent être soumis à la ratification de l'Assemblée générale
de l'U. N. qui aura lieu à Roubaix.

De l'autre côté, Pilla s'occupe de l'amélioration à apporter
à la vie matérielle de l'Etudiant et des perfectionnements
nécessaires dans l'organisation de nos maisons d'étudiants ; il
nous prépare des solutions excellentes que tous approuveront.

28

Pendant ce temps les délégués des Associations corpora
tives ne perdent pas leur temps. Ils réunissent hors séance
bon nombre d'étudiants en médecine pour leur exposer les
idées qu'ils vont défendre demain et essayer de les railler à
leur façon de voir.

Concours de Tir

54 étudiants sont inscrits pour le tir à l'arme de guerre.
Le concours a lieu au grand Stand de la garnison de Lille,
que M. le Général gouverneur met de façon toute exception
nelle à notre disposition.

Les armes nécessaires nous sont procurées par la Société
de Tir du Nord « La Lilloise », dont le président est notre
bienfaiteur M⁰ Maxime Ducrocq. M. Liège, secrétaire général
de « La Lilloise » et M. Grotard, officier de réserve, ont bien
voulu se charger de l'organisation de notre concours. C'est
dire que tout se passe de façon parfaite.

Les camarades Beaurepaire et Lambert sont adjoints au
Comité de direction du tir.

Voici le classement des épreuves :

1. Tinel	(Lille).	11. Lambert	(Lille).
2. Beaurepaire	—	12. Marescaux	—
3. Bavière	—	13. Dupret	—
4. Lemanais	(Nancy).	14. Desbordes	—
5. Pradeau	(Paris).	15. Yane	(Paris).
6. Destry	—	16. Jacob	—
7. Camet	—	17. Plancke	—
8. Horiot	(Lille).	18. Matter	(Strasbourg).
9. Roget	—	19. Gray	(Lille).
10. Planche	—		

Concours de Skating

La splendide piste de l'Anglo Américan Roller Skating
Rink, que M. Walker consul d'Angleterre, son adminis-
trateur a mise avec tant d'amabilité à notre disposition
retentit de longs murmures sous les roulettes folles de nos

plus habiles patineurs. Le joli hall s'emplit par instants des accord harmonieux de l'orchestre. Ceux d'entre nous — et ce sont les plus nombreux — qui craignent de rompre leur équilibre d'une façon inesthétique se réfugient à l'élégant buffet de l'établissement, non sans suivre avec une attention très soutenue les diverses phases du match dont voici les résultats.

<table>
<tr><td>I. Vitesse (10 tours de 125 mètres)</td><td>III. Fonds (15 minutes)</td></tr>
<tr><td>1er Laxine (Paris) 2 min. 40 s.</td><td>1er Laxine (47 tours).</td></tr>
<tr><td>2e Sauthieux.</td><td>2e Carraxine.</td></tr>
<tr><td>3e Fourrier.</td><td>3e Rolandur.</td></tr>
<tr><td>4e Coutraine.</td><td>4e Clarté.</td></tr>
<tr><td>5e Clarté.</td><td>5e Sauthieux.</td></tr>
<tr><td>6e Chalu.</td><td>6e Coutot.</td></tr>
<tr><td>II. Figures</td><td>7e Leleu.</td></tr>
<tr><td>1er Lheureux.</td><td>8e Lallemand.</td></tr>
<tr><td>2e Sauthieux.</td><td>9e Chalu.</td></tr>
<tr><td>3e Laxine.</td><td></td></tr>
<tr><td>4e Demarre.</td><td></td></tr>
</table>

L'Arlésienne.

Salle comble à l'Hippodrome. Tous ceux, toutes celles qu'attirent les charmes du drame de Daudet et de la musique de Bizet sont venus, et sur les gradins se mêlent aux habits noirs, les chatoyantes couleurs des toilettes des dames. Au premier rang on aperçoit M. Charles Delesalle, Maire de Lille, dont l'arrivée fut saluée par des applaudissements prolongés, M. Crépy-Saint-Léger, adjoint au Maire, Mme Georges Lyon, M. de Barolet, Directeur des Postes, M. Théodore Barrois, Vice-Président du Conseil de l'Université, les Doyens des Facultés : MM. Combemale, Lefevre et Pilon, M. Allain, Secrétaire-Général de la Préfecture, M. Grand, Vice-Président du Conseil de Préfecture, M. Leroy Fernand, Chef adjoint du Cabinet de M. le Préfet. M. A. Scrive-Loyer-Bigo, Président de la Société Nationale : L'Union Chorale des Orphéonistes Lillois, M. le Lieutenant-Colonel Gondré, du 43e Régiment d'Infanterie. M. le Commandant de Gendarmerie Bonnet, M. Armand Sée. Ingénieur, bienfaiteur de l'Université, etc. MM. Cavro, Docteur en Médecine, Rajal, Avocat, Raoust, Présidents honoraires de l'Union des Étudiants de l'État et de nombreux Conseillers municipaux.

Le contrôle est assuré par des étudiants Lillois et, ma foi, ils s'acquittent avec un tact très remarqué de leur mission délicate. Ils sont d'ailleurs aidés par MM. Tallon et Lefebvre dont l'amabilité est inlassable.

La décoration avait été confiée à M. Saint-Léger, jardinier en chef de la Ville de Lille qui nous a fait naître un merveilleux oasis de verdure.

C'est dans ce décor de printemps, dans cette atmosphère de fraicheur et de jeunesse, qu'un choix heureux de protagonistes nous donne une superbe interprétation artistique.

M. Paul Mounet est un impressionnant Balthazar. Sa voix puissante lui permet de donner, à ce rôle du vieux berger, une grandeur patriarcale d'un relief saisissant. M. Vast, dans Frederi, trouve les accents tragiques dont la sincérité fait vibrer une foule.

Quant à Mademoiselle Brille, c'est une Rose Mamaï dont la tendresse maternelle semble si vraie qu'elle nous émeut avec force.

La belle et tendre Vivette, c'est Mademoiselle Suzanne Delvé. C'est dire avec quelle exactitude, avec quel enthousiasme la jeune artiste nous la personnifie.

Les autres rôles sont tenus par MM. Barral, le « Patron Marc », Godefroy, de l'Odéon, Mitifio, Mademoiselle Madeleine Gombert « La Renaude ». Grâce à leur talent très apprécié ils permettent de donner de *l'Arlésienne* une interprétation homogène et presqu'impeccable, comme toutes celles dont M. Vast est l'organisateur.

Le chœur mixte de la Société Nationale l'*Union des Orphéonistes Lillois* que préside M. A. Scrive-Loyer-Bigo prête son concours à cette manifestation artistique. Sous l'habile direction de M. Carpentier, les Orphéonistes recueillent une ample moisson de bravos.

La partie instrumentale est confiée au remarquable orchestre des Concerts Populaires : son exécution, conduite par M. Sechiari, est très colorée, très pittoresque, en un mot très française. Ces artistes savent nous détailler les délicieux

1. Fery, L., Président de l'Union Nationale (1910-1911).
2. Barat, G., Président de l'Union des Etudiants, Lille.
3. Decroix, M., Président de l'Union Nationale (1911-1911).
4. Mareschal, Vice-Président de l'U. N. (1910-11).
5. Pilla, Président de la S.G. de Nancy, Trésorier de l'U. N. (1911).
6. Tourolle, Président de l'A. de Paris.
7. Crochard, Président de l'A. de Caen.
8. Lambert, Président de l'A. de Pharmacie.
9. Biebuyck, Secrétaire de l'U.
10. Caillet d'Amiens.
11. Roget, R., Vice-Président de l'U., Lille.
12. Mazen, de Limoges, Secrétaire de l'U. N. (1911-12).
13. Dyrland, de Copenhague.
14. Herquelle de Gand.
15. Arue Joyensen d'Helsingfors (Finlande).
16. Lecompte, M., Vice-Président du Comité d'organisation.
17. Lefebvre, M., Régisseur du Congrès.
18. Dherissart, de l'A. d'Amiens.
19. Desmoulins, du Comité d'organisation.
20. Dufour, secrétaire-dactylographe du Comité d'organisation.
21. Moreau, de Mons.
22. Gosselin, du Comité d'organisation.
23. Colbrant de Mons.

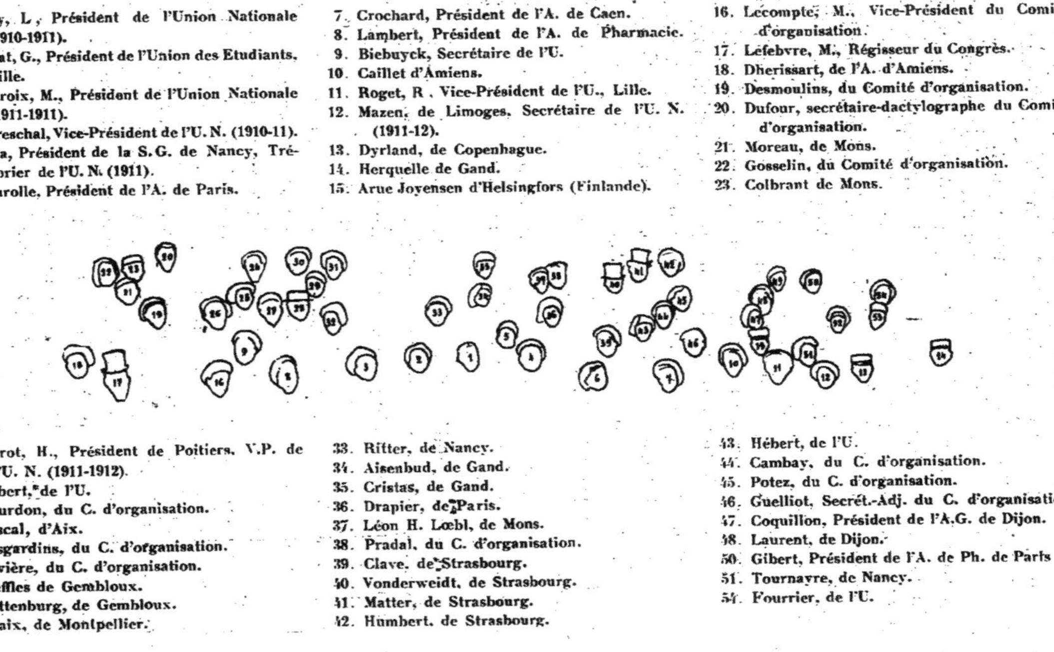

24. Pérot, H., Président de Poitiers, V.P. de l'U. N. (1911-1912).
25. Hébert, de l'U.
26. Bourdon, du C. d'organisation.
27. Pascal, d'Aix.
28. Desgardins, du C. d'organisation.
29. Bavière, du C. d'organisation.
30. Lœffles de Gembloux.
31. Rottenburg, de Gembloux.
32. Chaix, de Montpellier.
33. Ritter, de Nancy.
34. Aisenbud, de Gand.
35. Cristas, de Gand.
36. Drapier, de Paris.
37. Léon H. Lœbl, de Mons.
38. Pradal, du C. d'organisation.
39. Clave, de Strasbourg.
40. Vonderweidt, de Strasbourg.
41. Matter, de Strasbourg.
42. Humbert, de Strasbourg.
43. Hébert, de l'U.
44. Cambay, du C. d'organisation.
45. Potez, du C. d'organisation.
46. Guelliot, Secrét.-Adj. du C. d'organisation.
47. Coquillon, Président de l'A.G. de Dijon.
48. Laurent, de Dijon.
50. Gibert, Président de l'A. de Ph. de Paris
51. Tournavre, de Nancy.
54. Fourrier, de l'U.

Photo Cayez

Les Présidents de Délégations, les Drapeaux et le Comité d'organisation

dessins mélodiques, nous en faire goûter la simplicité exquise
et pressante. Ils nous ont d'ailleurs déjà donné l'ouverture de
Patrie au début de la soirée, et, des deux côtés, ils nous
révèlent les plus brillantes qualités d'une phalange de musiciens dont la réputation n'est plus à faire. Notons parmi
eux la présence de M. le professeur Gaudier qui a tenu à
occuper lui-même son pupitre.

Une longue ovation est faite aux interprètes de *l'Arlésienne* et la foule s'écoule lentement, non sans avoir rempli
les aumônières de nos amis, dont la recette ira porter quelque
secours à ceux que le Bureau de bienfaisance doit aider dans
leur lourde existence...

Mais si pour un paisible citadin l'heure du sommeil est
venue, Morphée semble impuissante vis-à-vis des « Escholiers ».
En monômes joyeux ils parcourent la ville. Nombre
d'entre eux se retrouvent à la *Brasserie Universelle* où l'on
nous accueille de bonne grâce.

Vous narrer ce qui s'y fait, ce n'est point chose facile,
car, à vrai dire, depuis lors les petits faits et gestes de
quelques-uns se sont accrus d'une forte part de légende et
mieux vaut, je crois, rester muet par amour de la vérité... et
par discrétion.

TROISIÈME JOURNEE

—

Samedi 13 Mai

—

Réunion des Commissions

On arrive aujourd'hui aux questions corporatives. Dès le matin on est à l'œuvre pour continuer la tâche abandonnée la veille.

Droit et Lettres. — La Commission est présidée par Féry.

Deux vœux sont présentés concernant la Réforme du Doctorat en Droit : celui de Marcel Lecompte, Président de la Section de Droit de l'U. de Lille et celui de Tourolle, Président de l'A. G. de Paris.

Vœu Tourolle. — « Le Congrès émet le vœu qu'il soit créé un second doctorat juridique comprenant le droit civil, le droit commercial, le droit criminel et la procédure civile.

» Il émet également le vœu que le droit civil soit porté comme matière à option dans le doctorat politique et économique. »

Vœu Lecompte. — « Considérant qu'il n'importe pas de rendre le droit plus accessible et plus facile par une spécialisation plus grande et par la réduction des études à deux ans ;

» Emet le vœu que la proposition de loi Léveillé, Massé, Lecomte soit repoussée ;

» Que le principe du *statu quo* domine la réforme à entreprendre, réforme qui doit porter sur l'organisation des examens et des études selon l'exposé qui précède. »

Cet exposé portait création de cinq diplômes différents.

Après de longs débats, aucun de ces vœux n'est adopté. On se met néanmoins d'accord pour décider de demander le maintien des deux examens et de la thèse. On passe ensuite à la discussion très rapide du vœu relatif à la capacité en droit et du vœu concernant la proposition de gratuité des Conférences de Droit (proposition de Poitiers).

Puis on en vient aux revendications des étudiants des Facultés de Lettres dont les principaux points visent la nomination des Professeurs de Collège et l'attribution des bourses de licence et d'agrégation.

Médecine. — Pilla préside cette réunion très mouvementée où l'on s'intéresse à réclamer une orientation utilitaire du P. C. N. Sous l'impulsion des corporatives, de nombreux vœux sont adoptés visant la réforme des études médicales, les équivalences, le service militaire, les remplacements, le doctorat en chirurgie dentaire, la culture générale des étudiants en médecine.

Pharmacie. — Gosselin, Vice-Président de l'A. A. de Lille, aidé de Lambert, Président, dirige les débats où l'on sent très forte l'influence des corporatives dont les délégués sont très documentés. On demande :

La suppression du minimum de candidats pour convoquer un jury, (Rapport Mesnage).

L'assimilation des étudiants en Pharmacie et des étudiants en Médecine pour le service militaire. (Rapport Faligot).

La légalité des remplacements et gérances. (Rapport Gosselin).

On discute la question du 3-6-9 (ajournements aux examens). (Rapport Desmoulins), celle du diplôme de chimiste-expert et de pharmaciens de 2e classe. (Vœu de Marseille et Paris).

Sciences. — Notre ami Cambay voit se dérouler devant lui de nombreuses questions d'actualité, et l'importance des vœux que les étudiants de Sciences présenteront à l'assemblée générale de Roubaix montrent le travail fourni sous sa direction. Ces quelques heures de séance sont les plus fécondes du Congrès.

Tir à la Carabine

Le concours a lieu au stand de la Société des Carabiniers Lillois (167, rue Gambetta), que nous ne saurions trop remercier du précieux concours qu'ils nous ont apporté.

M. Charlet, Président, Bigotte, Vice-Président, Catteau et Lambert, membres de cette Association, avaient bien voulu accepter de former le jury.

Voici le classement des lauréats :

1. Planque (Lille)		11. Bavière (Lille)	
2. Lambert	»	12. Dhérissart (Amiens)	
3. Tinel	»	13. Caille (Lille)	
4. Guénez	»	14. Duquesne	»
5. Cristas (Gand)		15. Horiot	»
6. Tiran (Lille)		16. Joye	»
7. Bantegnies	»	17. Eloy	»
8. Graye	»	18. Marescaux	»
9. Azambre (Paris)		19. Rojet	»
10. Herquelle (Gand)		20. Crampon (Paris)	

Concours d'Escrime

Malgré les fatigues des deux journées passées, nos escrimeurs ont encore bon pied, bon œil et surtout poignet solide et ferme. Dans le joli cadre du Palais d'Été, les très nombreux curieux venus pour assister au tournoi estudiantin s'étonnent de les voir en si bonne forme et d'aucuns qui furent étudiants jadis regrettent cette jeunesse, cette merveilleuse réserve d'énergie. Les assauts sont très brillants et certains soulèvent des salves d'applaudissements.

Le jury est composé des maîtres d'armes des divers corps de la garnison de Lille : MM. Mans, du 43ᵉ Régiment d'Infanterie ; Chizat, du 1ᵉʳ Escadron du Train des équipages ; Daillery, du 16ᵉ Bataillon de Chasseurs à Pied ; Vincent du 6ᵉ Régiment de Chasseurs à Cheval. M. Pérot, Directeur des Cours de l'U. F. J., ancien Vice-Président de l'Union des Étudiants, a bien voulu en accepter la présidence. Nos camarades Bavière et Taquet assument les fonctions de commissaires. — Notons dans l'assistance M. Herpin, professeur d'escrime de l'Union des Etudiants.

<table>
<tr><td colspan="2">Au Fleuret.</td><td colspan="2">A l'Épée.</td></tr>
<tr><td>1er Prix,</td><td>Pierch (Lille).</td><td>1er Prix,</td><td>Colpart.</td></tr>
</table>

1ᵉʳ Prix,	Pierch (Lille).	1ᵉʳ Prix,	Colpart.
2ᵉ —	Colpart —	2ᵉ —	Fiévet.
3ᵉ —	Bavière —	3ᵉ —	Desmoulins.
4ᵉ —	Taquet —	4ᵉ —	Ledru.
5ᵉ —	Ledru —	5ᵉ —	Bavière.
6ᵉ —	Detryem (Gand).	6ᵉ —	Taquet.

Une mention toute spéciale à nos amis Colpart et Fiévet. Ce sont les héros de cette belle fête d'armes. L'assistance ne leur ménage pas ses bravos et vraiment l'ovation dont ils sont l'objet est très méritée.

Salon d'Art

A la Faculté de Droit, dans la coquette salle des actes gracieusement mise à notre disposition par M. le doyen Pilon, sont exposées les productions de nos camarades. Le jury est composé de M. Hippolyte Lefebvre, membre de l'Institut, de Léon Danchin, sculpteur, auteur du buste de notre Recteur qui figure au salon de cette année, de M. Pilon, doyen de la Faculté de Droit, de MM. Pierre Decroix, président, et Lemaire, secrétaire de l'*Union Photographique*, de M. Gavelle, directeur de l'Ecole des Beaux-Arts et de M. Chauleur, de l'*Echo du Nord*, artiste peintre.

Beaucoup de ces œuvres sont remarquables et toutes font preuve d'une originalité très goûtée des visiteurs.

Heureusement la générosité de nos amis permet de récompenser de nombreux étudiants.

Mais parlons un peu de « nos » artistes.

Et tout d'abord signalons : Une remarquable « Nature morte » due au pinceau de Danger, et une « Tête de femme », fusain expressif et plein de vie, qui nous paraissent vraiment hors de pair.

Dans la série « peinture à l'huile », Dry et Danger, de Nancy, méritent une mention toute spéciale qui leur vaut à l'un une magnifique maquette de Deplechin et à l'autre les trois volumes « L'Art » de Paul Lefebvre, les plus hautes récompenses. Notons aussi Vasseur, de Lille.

Des dessins à la plume de Schott, de Strasbourg, retiennent notre attention. C'est réellement très bien et une eau forte de valeur « l'Entrée de Louis XIV à Lille », don de M. Pierre Decroix est donnée en prix à leur auteur.

Parmi les aquarelles, c'est Leclercq, c'est Pajot, c'est Jacquemont, c'est Dumoulin qui triomphent.

Nous retrouvons d'ailleurs Leclercq, Pajot et Dumoulin exposant des crayons fort appréciés.

Puis ce sont les statuettes humoristiques de Dry, ce sont les petites silhouettes très amusantes de Pajot, ce sont les dessins d'internat de Caillet, d'Amiens, et les fantaisies de Jacquart, de Gand.

Enfin, vient la photo : Ch. Herquelle, de Gand, nous a fait un excellent envoi. On lui décerne un 1er prix : médaille d'or grand module, offerte par S. M. Albert 1er ; Biebuyck, obtient une eau forte offerte par le Ministère de l'Instruction publique. A féliciter encore Lambert, de Lille, et Kahn, de Nancy.

Merveilleux autochromes de Herquelle auprès de qui Tiran figure dignement, ainsi que Gobbe et Geerseens, de Gand.

Mazure nous donne des positifs sur verre qui sont parfaits.

La Société des Sciences de Lille nous avait accordé des médailles d'Hippolyte Lefebvre que nous avons attribuées aux principaux lauréats du salon d'art.

Je n'aurai garde d'oublier en terminant les affiches de Dry, d'une très belle allure et les projets d'affiche pour le Ve Congrès. On trouvera d'ailleurs dans le présent compte-rendu, la reproduction de deux de ces projets et chacun pourra apprécier la très réelle valeur des œuvres de nos amis Pajot et Leclercq.

En un mot, le Salon d'Art est une très heureuse innovation. Et l'on peut affirmer que c'est une révélation. Nul ne s'attendait à un tel succès. Cela nous promet pour l'avenir d'agréables surprises.

ROUBAIX

I. — A l'Hôtel de Ville

**Assemblée générale de l'Union Nationale. — Réception par
la Municipalité**

Dès une heure de l'après-midi de joyeux compères arrivent
près du Nouveau Théâtre. Les « cars Mongy » sont envahis
et pour fêter cette prise d'assaut, les refrains estudiantins
s'entremêlent avec fracas. Les retardataires s'entendent inter-
peller et répondent. Bref, l'étudiant est là : il aime le prouver
en faisant grand tapage.

C'est l'heure où chacun... et chacune regagne le travail,
mais... pour regarder les étudiants, pour s'amuser de leur
gaîté chacun... et surtout chacune s'arrête et... sourit de son
plus beau sourire. Combien vont arriver après l'heure au
bureau ou à l'atelier ? Mais qu'importe !...

Après de multiples sonneries, un petit coup sec et
nerveux... et en route. Les chants redoublent. On part.

Et pendant que filent en sifflant les longues voitures élec-
triques, la bonne humeur des voyageurs fait oublier la route,
tant et si bien qu'on est arrivé et que tous s'en étonnent.

Roubaix ! un monôme se forme et se dirige vers l'Hôtel
de Ville aux accents connus :

> C'est nous les Etudiants
> De Lille en pays flamand...

accents mille fois répétés par l'écho puissant.

Les Roubaisiens nous attendent. Ils savent que nous ne
sommes pas méchants et on nous laisse faire, en riant avec
nous. Tous les congressistes sont là, renforcés par l'arrivée
de nos amis de Bruxelles, Ch. de Péron, du Cercle Poly-
technique, Hubert et Gonson qui amènent avec eux le
fameux drapeau de l'Association Générale des Etudiants de

l'Université Libre, dont la hampe supporte une statue de
Verhaegen, le fondateur de cette Université.

Avec une juvénile ardeur nous escaladons le perron du
nouvel et magnifique Hôtel de Ville, puis faisant face à la
ville hospitalière, on la salue en chantant à pleine voix : « Un
chic à Roubaix ».

O salle Pierre de Roubaix, tu te souviendras longtemps
de l'Assemblée générale du 5e Congrès des Étudiants, tu te
souviendras de ces ardentes discussions, de ces frénétiques
applaudissements, de ces coups de sonnette éperdus. Et

lorsque tu seras vieille, ô salle Pierre de Roubaix, on
t'entendra dire tout bas le grand frisson de vie que les
Etudiants de France ont un jour fait passer sur toi.

Sur l'estrade, Féry, de Nancy, président de l'Union Nationale ; Maréchal, de Dijon et Decroix, de Lille, vice-présidents
de l'Union Nationale ; Barat, président de l'U. de Lille ;
Tourolle, président de l'A. de Paris ; Coquillon, président de
Dijon ; Pérot, président de Poitiers, etc., etc.

La séance va s'ouvrir quand arrive Monsieur Eugène
Motte, Des hourras frénétiques l'accueillent.

Barat dans un langage plein d'émotion présente à l'assem-

40

blée « le maire de la laborieuse cité si proche de notre ville universitaire qu'il semble qu'elle en fasse partie, car elle la complète parfaitement... »

Il le remercie de l'hospitalité si grande qu'il a réservée aux membres de l'Union Nationale dans ce magnifique Hôtel de Ville inauguré de la veille... et le félicite d'avoir mené à bien l'organisation de la splendide exposition « qui symbolise le labeur et la vie de notre région ».

M. Motte qui vient de quitter pour un instant la table à laquelle il a convié les autorités qui ont présidé le matin au Conseil de Révision nous assure que Roubaix, la ville du travail sait aussi être la ville de la joie et de la gaité.

Et l'on se met aux travaux.

Féry nous donne connaissance de la situation financière de l'Union Nationale qui accuse un excédent de recettes de 834 fr. 20.

Puis, après avoir prié les étudiants non adhérents aux associations affiliées à l'U. N. de se retirer, on répartit les voix entre les groupements représentés au Congrès : 3 à Aix, 3 à Caen, 3 à Dijon, 3 à Limoges, 4 à Lille, 4 à Nancy, 11 à Paris, 1 à Poitiers, 1 à Montpellier, 1 à Amiens.

Les vœux suivants sont adoptés à l'unanimité :

MAISON D'ÉTUDIANTS. — *« Que l'on cherche les moyens de créer dans toutes les villes universitaires des maisons d'étudiants semblables à celle de Nancy, fondée grâce à la collaboration de l'Université de Nancy, des professeurs et des étudiants. »*

LOGEMENTS D'ÉTUDIANTS. — *« Que l'on fasse les démarches qui permettront d'édifier des immeubles où les étudiants trouveront des chambres d'un prix modique et cependant conformes aux exigences de l'hygiène et de la salubrité. »*

IMPOTS. — *« Que les associations d'étudiants soient traitées comme les cercles d'officiers, en ce qui concerne les impôts. Que les démarches nécessaires soient faites près du directeur des contributions et de la commission parlementaire du budget. »*

Coopératives. — « *Que des coopératives soient créées sous forme de sociétés anonymes à capital variable.* »

Associations. — « *Que les associations d'étudiants poursuivent leurs reconnaissances d'utilité publique à titre individuel.* »

Conseils disciplinaires. — « *Que les étudiants soient représentés, dans les Conseils de l'Université siégeant disciplinairement par un certain nombre de délégués. Que leurs délégués soient élus, chaque année, par tous les étudiants et pris parmi ceux, ayant au moins douze inscriptions en ce qui concerne la médecine et le droit, quatre pour les lettres ;*

« *Que le rapporteur soit obligé de se retirer lors de la délibération du Conseil ;*

« *Qu'un sursis soit applicable aux peines disciplinaires entraînant perte d'inscription, exclusion temporaire ou définitive des Universités.* »

Sports. — « *Que le ministre de l'Instruction publique donne aux recteurs et doyens des instructions pour qu'une journée ou une demi-journée par semaine, les programmes ne comprennent aucun cours, aucune conférence, dans aucune faculté ou école.* »

Service militaire. — « *Considérant que la loi reconnaît aux étudiants le droit de reculer la date de leur incorporation, quand l'intérêt de leurs études l'exige ;*

« *Qu'il est logique de leur accorder le droit de devancer l'appel pour la même raison et lorsque leur aptitude physique le permet.*

« *Le Congrès émet le vœu :*

« *Qu'il ne soit pas possible de prendre d'inscriptions pendant la durée du service militaire et que l'autorisation de passer des examens ne soit pas limitée à la session d'octobre-novembre ;*

« *Que les étudiants soient autorisés à devancer l'appel, sans condition autre que celle de leur aptitude physique.* »

Ce dernier vœu sur le service militaire soulève une vive

discussion. Le camarade Itasse, de l'A. G., de Paris, présente une motion additionnelle au texte émis par les commissions demandant :

Que les étudiants soient autorisés à faire en deux fois leur service militaire.

« Que les étudiants en droit et en lettres puissent passer leurs examens et prendre leurs inscriptions pendant la durée de leur service militaire ».

Après une discussion d'où est censé avoir rejailli la lumière, cette addition est adoptée, mais la deuxième partie de la proposition Itasse « invitant les étudiants à n'accepter aucun grade avant d'avoir obtenu satisfaction » est repoussée, la disjonction ayant été préalablement obtenue.

Viennent alors les vœux corporatifs lus par les rapporteurs. Ces vœux ont été définitivement adoptés par les Commissions corporatives.

Droit

CAPACITÉ. — *Le Congrès, rappelant le vœu voté par le Congrès de Nancy, émet le vœu qu'une loi interdise à tout étudiant de prendre une inscription en vue de la licence en droit sans avoir de baccalauréat.*

CONFÉRENCES *(proposition de Poitiers).* — *Le Congrès émet le vœu que dans toutes les Facultés et Ecoles de Droit soient créées des conférences gratuites de Droit et d'Intérêt général et engage les groupements d'étudiants à en prendre l'initiative.*

Lettres

PROFESSEURS DE COLLÈGE. — *Considérant que les postes de professeur de collège sont devenus le monopole des répétiteurs ; qu'un stage de répétitorat, dont aucun texte ne détermine la durée, est imposé en fait aux étudiants candidats à ces postes,*

Le Congrès émet le vœu que les conditions de nomination

au poste de professeur de collège soient fixées et déterminées par un texte précis.

Sont renouvelés les vœux suivants votés à Paris :

Qu'il soit permis aux boursiers de province de faire en deux fois leurs deux années de service militaire, et d'être autorisés à faire leur service dans une ville d'Université, comme aux élèves de l'Ecole Normale Supérieure ;

Que les anciens boursiers d'agrégation qui se sont présentés aux épreuves de l'agrégation aient droit à un poste de professeur ;

Qu'un plus grand nombre de places de boursiers de licence et d'agrégation soit accordé chaque année aux Facultés de province ;

Que, à mérite égal, la situation de famille des candidats soit une considération prédominante dans l'attribution des bourses.

P. C. N.

Le Congrès émet le vœu que le Conseil médical supérieur réclamé dans un vœu par le Congrès étudie la question de l'orientation du P. C. N. dans un sens nettement utilitaire.

Médecine

RÉFORMES DES ÉTUDES MÉDICALES. — *Considérant que le décret de 1909 est :*

1° Inapplicable dans la pratique ;

2° Néfaste, parce que, en multipliant les travaux pratiques de sciences accessoires et les stages spéciaux, il détruit :

a) L'enseignement clinique en supprimant en fait l'externat ;

b) L'enseignement théorique en ne laissant pas à l'étudiant assez de temps pour ses études personnelles ;

3° Incomplet, parce qu'il ne prévoit pas l'extension du stage à tous les services hospitaliers, mais au contraire surcharge les services déjà encombrés ;

Le Congrès demande la révision du décret du 11 janvier 1909 par le Conseil médical supérieur réclamé par le Congrès des praticiens.

44

Equivalences. — *Le Congrès de l'U. N. considérant que la tolérance de toute infraction au décret du 13 mai 1909 constitue un acte de favoritisme inexcusable,*

Demande l'application stricte de ce décret exigeant un baccalauréat et le P. C. N. à l'entrée des études médicales.

Culture générale. — *Considérant que l'étude du latin est nécessaire en médecine,*

Considérant que les branches où une trop large place est faite aux langues vivantes constituent une porte ouverte aux étrangers,

La commission émet un vœu tendant à exiger des étudiants l'étude du latin.

Remplacements.— *Considérant que dans l'intérêt du public et pour conserver le bon renom de la profession médicale, il convient d'exiger des étudiants remplaçants les inscriptions en médecine qu'exige la loi.*

Le Congrès demande :

1° La suppression des agences de remplacement qui constituent un véritable danger pour la santé publique et que les associations professionnelles remplaceront avantageusement ;

2° La simplification des formalités tendant à l'enregistrement et à l'autorisation de ces remplacements.

Doctorat en chirurgie dentaire. — *Considérant que le principe de l'unité du doctorat en médecine a toujours été au premier rang des revendications des associations professionnelles médicales, protagonistes des intérêts du corps médical et du public ;*

Considérant d'autre part :

1° Que la création d'un doctorat en chirurgie dentaire est en contradiction avec ce principe ;

2° Que le maintien du diplôme provisoire de chirurgien-dentiste est également en contradiction avec ce principe et ne peut plus se justifier par le nombre des médecins stomatologistes, lequel augmente rapidement ;

Le Congrès décide :

De repousser la création provisoire d'un doctorat en médecine limité, tel que le doctorat en chirurgie dentaire,

Et de demander la suppression du diplôme de chirurgien-dentiste.

Pharmacie

DIPLOME DE CHIMISTE EXPERT. — *Considérant que les études pharmaceutiques sont orientées dans un sens qui destine plus particulièrement le pharmacien au rôle de chimiste expert (en ce qui concerne surtout la connaissance micrographique) ;*

Se ralliant aux propositions précédemment présentées par la Société de pharmacie à ce sujet ;

Le Congrès émet le vœu que le diplôme de chimiste expert agréé par le gouvernement, dont la création est à l'étude, soit réservé, dans la mesure du possible, aux pharmaciens de 1re classe et que l'enseignement et les examens soient du ressort des écoles de pharmacie.

AJOURNEMENT AUX EXAMENS. — *Considérant que le nouveau régime d'études pharmaceutiques prévoit un délai uniforme de deux mois en cas d'échec aux examens définitifs,*

Le Congrès émet le vœu que l'application immédiate de cette mesure soit faite aux étudiants actuellement en cours d'étude.

CONSTITUTION DU JURY. — *Considérant que le minimum de deux candidats exigé par session d'examens — en certaines Facultés — n'est plus en rapport avec le nombre des étudiants, vu leur diminution,*

Le Congrès émet le vœu que ce minimum soit aboli et que, pour tout étudiant possédant le nombre voulu d'inscriptions, il soit, dans le plus bref délai, constitué un jury et établi une session d'examens.

PHARMACIENS DE 2e CLASSE. — *Le Congrès, sur la proposition des étudiants en pharmacie de Marseille, Limoges et Lille,*

Proteste contre la proposition d'un professeur de l'Ecole de pharmacie d'Amiens tendant à rétablir le grade de pharmacien de 2ᵉ classe,

Et émet le vœu que les pouvoirs publics ne tiennent aucun compte d'une semblable proposition.

Service militaire. — *Considérant qu'il existe, entre les médecins et les pharmaciens accomplissant leur service militaire, une inégalité choquante pour des étudiants ayant fait des études équivalentes ;*

Que, pour le grand bien de l'armée, il serait possible d'utiliser leurs services comme pharmaciens auxiliaires ou aides-majors dans le service pharmaceutique des hôpitaux militaires ou mixtes, ou dans les expertises de médicaments et denrées destinées aux soldats ;

Que la question pécuniaire ne saurait être objectée, le traitement d'une centaine de pharmaciens auxiliaires ou aides-majors ne paraissant pas dans un budget comme celui de la guerre, et n'étant pas à mettre en balance avec les avantages incommensurables que procurerait la création de ces postes de pharmaciens ;

Se ralliant à la proposition de la Société de pharmacie de Bordeaux (séance du 9 février 1911), le Congrès émet le vœu d'assimiler le service militaire des étudiants en pharmacie à celui des étudiants en médecine et de leur appliquer l'article 25 de la nouvelle loi militaire modifiée le 21 mars 1905.

Les herboristes. — *Considérant que l'existence des herboristes est inutile, sinon dangereuse, pour la santé publique ;*

Se ralliant entièrement aux revendications unanimes des professeurs des écoles, du corps médical et pharmaceutique tout entier,

Le Congrès demande énergiquement la suppression pure et simple du diplôme d'herboriste, autorisant une profession qui est une des sources principales de la pharmacie et de la médecine illégale.

Sciences

Admissibilité aux examens de licence. — *Les étudiants préparant les examens de licence ès-sciences demandent à conserver le bénéfice de l'admissibilité aux examens des certificats d'études supérieures d'une session à l'autre, privilège existant dans l'enseignement secondaire pour le baccalauréat, dans l'enseignement primaire supérieur pour les certificats d'études primaires supérieures et le brevet supérieur, et dans l'enseignement supérieur pour la majorité des examens.*

(G. Barat, Président de l'Union de Lille).

Réglementation du titre d'ingénieur. — (1ᵉʳ Vœu). *Les étudiants réunis au Vᵉ Congrès de l'Union Nationale,*

Sollicitent de la bienveillance des pouvoirs publics la réglementation du titre d'ingénieur et insistent pour que ce titre ne puisse être désormais porté que par les titulaires de diplômes délivrés par les grandes écoles et Facultés reconnues par l'Etat.

(2ᵉ Vœu). *Et afin d'éviter toute confusion ils s'adressent à tous les ingénieurs de France, leur demandant de joindre à leur titre la provenance de leur diplôme.*

(P. Cambay, Secrétaire de l'Union de Lille).

Equivalence des diplômes. — *Emettent le vœu qu'une table internationale d'équivalence des diplômes pour l'admission à l'Enseignement des Facultés soit établie par le Conseil supérieur de l'enseignement public.*

Admission a la licence. — *Les candidats aux diplômes d'ingénieurs de Facultés (exigeant un minimum d'études de 3 ans) sollicitent l'autorisation de prendre pendant la durée de leurs études techniques les inscriptions de licence correspondant à leur enseignement sous condition de passer cet examen après l'obtention de leur diplôme.*

Service militaire. — .... *Emettent le vœu, après avoir entendu le rapport sur la réglementation du titre d'ingénieur, que les possesseurs de ces diplômes aient le droit d'accomplir*

Grande Soirée de Gala

organisée par l'Union des Étudiants de l'État

à l'Hippodrome de Lille, le Vendredi 12 Mai 1911, à huit heures et demie précises, à l'occasion du Ve Congrès de l'Union Nationale des Associations d'Étudiants de France et du XXXe Anniversaire de la fondation de l'Union des Étudiants de l'État.

L'Arlésienne

drame en cinq actes d'Alphonse Daudet, musique de Bizet

interprétée par MM. Paul Mounet, de la Comédie-Française, dans le rôle de Balthazar qu'il a créé à l'Odéon; Barral, ex-sociétaire de la Comédie-Française, le patron Marc; Vast, Frédéri; Bacqué, de l'Odéon, Francet Mamai; Godefroy, de l'Odéon, Mitifio; Deychamps, du Gymnase, l'Équipage; Cretot, le Valet; Mlles Lucie Brille, de l'Odéon, Rose Mamai; Suzanne Delvé, Vi-[?]; Madeleine Gombert, [ser]vante.

...stre de la Société des

...irection de M. Pierre

...s Orphéonistes Lillois,

...er.

...stelet; Deuxième Tableau :

..., en Camargue; Troisième

...rième Tableau : La Cour de

...manerie.

Menu

du Banquet Officiel du 14 Mai 1911, à l'occasion du Ve Congrès de l'Union Nationale des Associations d'Étudiants de France et du XXXe Anniversaire de l'Union des Étudiants de l'État de Lille.

Consommé Printanier.

Saumon du Rhin sauce verte.

Filet de Bœuf braisé,
Haricots Verts à la Française.

Poulet de grain rôti,
Cresson de Fontaine.

Galantine de Faisan truffée,
Cœur de Laitue au naturel.

Gâteau praliné,
Desserts variés,
Corbeilles de Fruits.

Eaux diverses, Madère, Sauterne, Saint-Émilion, Volnay, Champagne frappé, Champagne mousseux, Café, Liqueurs.

Le 14 Mai 1911, en l'Hôtel de Monsieur le Recteur.

Photo du *Journal de Roubaix.*

Les Congressistes sur les marches du nouvel Hôtel de Ville à Roubaix.

leur service militaire dans des emplois se rapportant à leur carrière future.

(P. Cambay, Secrétaire de l'Union de Lille).

Obtention du diplôme de chimiste-expert. — *Les étudiants candidats au Diplôme d'Ingénieur-Chimiste des Facultés de France protestent énergiquement contre le projet de loi Cazeneuve, proposant la création d'un diplôme d'expert chimiste accessible aux pharmaciens seuls.*

Ils demandent à la Commission du Sénat chargée d'examiner cette proposition de loi adoptée par la Chambre, de vouloir bien faire œuvre de justice en n'accordant ce titre que par voie de concours.

Ils s'étonnent qu'une corporation veuille accaparer ainsi des fonctions qu'on ne devrait donner qu'aux chimistes qu'une série de trois années de spécialisation désigne tout particulièrement pour cet emploi.

(V. Decaudin, Ingénieur-Chimiste, Chef de Laboratoire
d'Analyses Médicales et Industrielles).

Vœu émis par l'A. G. des Etudiantes de Lille :

Les membres de l'A. G. des Etudiantes de Lille désireraient voir s'établir, par analogie avec ce qui existe à la Faculté des Lettres, des cours organisés en vue de la préparation aux examens du certificat d'aptitudes à l'Enseignement secondaire des jeunes filles et du professorat des Ecoles normales et primaires supérieures.

La licence ès-sciences composée :

a) Du S. P. C. N ;

b) Du Certificat de mathématiques générales ;

c) D'un 3e certificat au choix de l'étudiante donne bien l'équivalence aux titres précédemment nommés, mais, les cours du S. P. C. N. étant très nombreux prennent plusieurs heures par jour ; il est donc impossible à toute personne ayant une situation dans l'Enseignement de les suivre régulièrement. D'où nécessité de l'existence de cours spéciaux préparant aux examens cités plus haut.

Vœu émis par l'A. G. de Paris et l'A. G. de Lille *en
faveur de l'abaissement du chiffre de 80 points exigés pour
obtenir au P. C. N. l'équivalence du baccalauréat.*

Cet abaissement a été promis depuis par M. le Ministre
de l'Instruction publique.

Tant de choses d'un seul jet, c'est trop. Et M. Motte a la
charmante idée de mettre un frein à nos lectures et à nos
discussions en divisant notre Assemblée générale en deux
parties par une gracieuse réception dans la salle du Conseil
municipal.

Il est entouré de MM. Chatteleyn, Sayet, Leblanc,
adjoints au Maire ; Allain, secrétaire général de la préfecture du Nord ; le général Foucault, commandant la première division de cavalerie ; MM. les médecins-majors
Steinmetz et Natalelli....

Féry offre à nos hôtes le salut cordial et respectueux des
Congressistes. Il remercie les édiles roubaisiens de leur
accueil enthousiaste et plein de bonhomie. Puis, Féry présente
nos amis danois, belges, finlandais et alsaciens-lorrains
qui sont pour nous des frères.

M. Motte dit alors sa joie de recevoir la jeunesse universitaire qu'il remercie d'avoir choisi Roubaix pour y tenir
une séance de son Congrès. « Nous ne sommes pas, dit-il,
tellement particularistes que nous ne tournons pas les
yeux vers les villes voisines. Nous savons au contraire que
les meilleurs d'entre nous sortent de votre sein. Je n'oublierai
jamais quant à moi que mon père, qui fut un des créateurs
du solide édifice de l'industrie roubaisienne, avait été aupara-
vant étudiant en droit....

Dans la vie toutes les professions se complètent l'une
l'autre et toutes concourent par leur union à rendre la France
plus rayonnante et plus prospère.

En vous voyant je me demande : à quoi rêvent ces
jeunes Français ? Qu'est-ce qui garnit leur cerveau ? Qui
est-ce qui les enthousiasme ? Vous m'avez déjà répondu. Vous
serez les serviteurs du Droit, de la Justice. Vous rêvez pour
la France et pour la République d'un idéal de plus grande
liberté chaque jour plus vécue ». Il lève son verre à la

République, au Président Fallières, et à M. Allain qui représente en cette cérémonie le Gouvernement. Un ban est frappé en l'honneur de la Municipalité de Roubaix. On chante un vivat, accompagné du cliquetis sonore des médailles qui encadrent le symbolique drapeau de l'Association belge : « Les Corbeaux ».

M. Allain considère comme un devoir d'exprimer aux étudiants tout le bien qu'il pense de leurs Associations. Il est persuadé que si les étudiants étrangers se sont si volontiers mêlés à nous c'est qu'ils n'ont pas oublié le rôle joué par la France dans l'histoire du monde. Après l'éloge de l'Université française, le sympathique Secrétaire général de la Préfecture du Nord nous donne rendez-vous au banquet. Un triple ban résonne dès ses dernières paroles.

Alors Hubert apporte à Roubaix de la part de tous les étudiants belges un salut sympathique et enthousiaste. La salle appuie ses paroles d'applaudissements vigoureux. Gabriel Humbert, fils du maire de Dieuze, étudiant à Strasbourg, vient nous dire sa fierté d'être venu en France et sa joie d'y avoir rencontré une si grande et si cordiale sympathie. Il ne s'en étonne pas car notre France est toujours restée la mère de l'Alsace-Lorraine. Des hurras frénétiques retentissent, on crie : vive l'Alsace-Lorraine. On répond : vive la France, et spontanément une Marseillaise vibrante sort de toutes ces poitrines qu'inspire un même souffle, que fait battre un même sentiment. Et après cette patriotique ovation, on vide la traditionnelle coupe de l'amitié.

II. — L'Exposition

Formez le monôme ! Malgré la pluie, l'on part gais et contents vers l'Exposition et nos refrains réveillent le boulevard de Paris.

> « Joyeux et fous menant tapage
> « Tels que'l'on vit aux temps anciens,
> « Les Escholiers du moyen âge
> « Voici venir les Etudiants,
> « Voici le monôme qui passe
> « Nous délaissons jusqu'à demain
> « Anatomie et Droit Romain
> « Bourgeois et manants faites place.

L'Exposition ! Voici l'entrée et tous s'engouffrent dans l'enceinte. Sous l'éternelle pluie l'on se répand à travers les palais à demi achevés où l'on entend résonner la scie et le marteau plutôt que les pas des visiteurs. Quelques pavillons ont cependant reçu leur aspect définitif et les merveilles qu'ils abritent montrent que, le temps aidant, l'Exposition de Roubaix donnera certainement une impression très heureuse de l'activité industrielle de notre région.

Ce qui attire d'abord les congressistes c'est le Village sénégalais. Arrrbi arbbat chouaïa ! Arrrbat chouaïa barka ! Et en avant la musique. Que ne danseraient-ils pas nos amis du « vrai » pays noir pour une cigarette promise !

Certains des nôtres poussés par je ne sais quel diable se mettent à rivaliser avec les danseurs authentiques, portant même dans leurs bras les petits négrillons, et pour donner à la fête une « sorte de couleur » locale s'affublent des costumes somptueux que ces braves Sénégalais leur prêtent en riant de toute la blancheur de leurs dents. Et pendant ce temps nos ex-bigotphonistes prennent des leçons de musique et frappent à tour de bras avec des gestes qui amènent la crainte dans les musiciens de la tribu.

Cependant la danse ne charme pas tout le monde. Apercevant une espèce d'échafaudage, une sorte de mât de perroquet qui représente le minaret de la mosquée, il en est qui tentent l'escalade et, parvenus là-haut, au risque de perdre un équilibre déjà douteux, s'évertuent à nous assourdir par des sons qui rivalisent avec ceux émis par une vieille marmite fêlée. Mais, l'opération délicate pour ces Messieurs amoureux des hautes positions, c'est la descente. Sans doute « leur chute n'a pas la grâce d'un vol », car il n'y a là ni chute, ni grâce, et c'est cahin-caha que nos amis nous rejoignent.

A peine sur l'humble sol que foule le vulgaire, certains se précipitent, de gré…. ou de force dans les « ondes pures » de la piscine qui fort heureusement est à sec et l'on voit se renouveler maint exploit qui rappelle l'éternelle fable « Le Renard et le Bouc ».

Puis c'est le Village flamand qui nous accueille. Le ciel semble regretter d'avoir été maussade et la pluie cesse, n'ayant pu noyer notre enthousiasme. Que fait-on au pays de Flandre ? Je ne sais. Mais tous sont gais, follement gais. Et l'on voit des

groupes curieux. A une table, six étudiants font grand tapage.
C'est, dit-on, la confrérie Dijon-Lille. L'un d'eux semble grand
discoureur. Un autre menace les curieux d'un siphon vide et
de ses lèvres sort une onomatopée très réussie qui fait croire
au profane que l'eau mystérieuse l'asperge.

Un troisième pense aux victuailles et offre à ses copains
un superbe plat de pommes de terre frites. Un autre encore
veille à humecter de vieux vin champenois les gosiers altérés
de ses amis. Et ceci n'est qu'un exemple entre mille.

Partout l'exubérante jeunesse affirme ses droits au grand
divertissement des curieux venus très nombreux pour nous
montrer leur sympathie.

Le concert donné au Village flamand est aussi un succès.
Une farandole endiablée entoure le kiosque et acclame les
musiciens qui se prêtent à nos fantaisies,

Devant Luna Park autres chansons. On assiste aux grands
laïus de « Théodule » qui hissé sur une table, ayant un pilier
pour appui, se repose parfois de son éloquence en dirigeant
avec maestria l'orchestre de l'établissement que les amis de
l'orateur applaudissent avec fracas.

Les bonzes de l'U. N. se réunissent au restaurant Duval
en un joyeux festin, en l'honneur des nouveaux élus.

A noter le fameux toast porté par le Président de " La
Pieuvre " qui buvait à chaque instant à la santé de tout et de
tous, d'abord en son nom personnel, puis comme président
de la savante société qu'il a le grand honneur de présider.

Toute la soirée, jusque 11 heures, les étudiants errent dans
la ville éphémère et féérique, et l'on y est si bien que c'est à
regret que nous partons...

RETOUR A LILLE

Le Palais d'Été

On revient, comme on peut, assis ou debout : les cars
refusent des voyageurs. Mais je ne connais personne qui
reste à Roubaix. Tous regagnent la bonne ville de Lille.
Après un retour bruyant, l'on part bras dessus bras dessous
vers le Palais d'Été, en réveillant nos chers concitoyens dont

les têtes engourdies par le premier sommeil apparaissent effarées entre les rideaux des fenêtres. D'aucuns des nôtres, dédaignant le « footing » pour des raisons « d'eux seuls connues » (?) réquisitionnent fiacre ou taxi.

Enfin, vers minuit, presque tous sont là. Le « Père Meïer » comme l'appellent tous les étudiants attendait ses enfants. Quelques artistes du délicieux Music-Hall commencent la fête. Il n'en faut pas davantage pour nous mettre en train. Sur la scène se succèdent les monologues les plus étourdissants, les fables express, les chants des escholiers de tous pays. C'est une vraie soirée de fraternité où chacun dit son mot et où, pour reprendre la phrase à jamais célèbre : On s'embrasse par dessus les frontières.

Après avoir chanté et exécuté maintes « pomponnettes » on s'en va par groupe, retrouver son chez soi, non sans jeter de ci delà de vigoureux :

Vivent les Etudiants !....

QUATRIÈME JOURNÉE

Dimanche 14 Mai

Foot ball

La lutte est engagée entre les équipes premières de Paris Université-Club et de Lille Université-Club. On attend beaucoup de cette rencontre qui promet d'être très intéressante. Le P. U. C. est jusqu'à présent considéré comme la seule équipe universitaire de France, digne de se comparer avec les meilleures équipes d'amateurs. De plus le P. U. C. vient de fournir une saison particulièrement brillante permettant à ses équipiers de rugby et d'association de monter en 1re série.

Le P. U. C. compte dans ses rangs des joueurs éprouvés et ent'autres d'abord le sympathique Chandeson et Talbot.

A cette forte équipe, L. U. C, opposait : Bacrot, Bailliu, Eloy, Chandelier, Lozinguez, Sax, Dehove, Mestagh, Vandenbussche, St-Steban, Boutilier.

Les Parisiens (dont Alcade, Gentil, Flot, Planus, Bernard), sont accueillis au train de Paris (2 h. du matin), par leurs camarades lillois.

A 10 heures, M. Simon, arbitre, siffle le coup d'envoi. Malgré un terrain détrempé, Lille fournit un jeu tout à fait plaisant qui finalement lui assure la victoire par 2 buts à 1.

Sous la présidence du camarade Taquet, l'ardent défenseur du sport à l'U., on arrose copieusement ce succès lillois, se promettant que dans l'avenir les étudiants épris de football auront l'occasion de se retrouver fraternellement.

La superbe coupe, offerte en prix par M. Ch. Delesalle, maire de Lille, est confiée au P. U. C. pour 1911, sous condition qu'elle sera jouée pendant 3 ans entre les équipes universitaires.

Séance Solennelle de clôture

A onze heures, étudiants et étudiantes sont réunis dans le nouvel amphithéâtre de la Faculté des Lettres. Monsieur le Recteur Lyon préside, entouré de MM. Lefebvre, Doyen de la Faculté des Lettres, Pilon, Doyen de la Faculté de Droit, Salé, Proviseur du Lycée, Féry, Président de l'U. N., Barat, Président de l'U et des Présidents ou Vice-Présidents des diverses Associations représentées.

M. Lyon, en un langage parsemé d'images, à la fois hardies et justes, félicite les étudiants du succès de leur Congrès. Il est heureux de voir que l'on n'a pas craint d'aborder la discussion de points parfois arides. Il ne cache pas son admiration en voyant la façon précise et méthodique dont fut mené le Congrès. Puis il fait l'éloge de l'Union Nationale, grâce à laquelle les Universités cesseront désormais d'être des villes aux tours d'ivoire.

Enfin, il se demande si l'A. G. des étudiantes doit être rattachée à l'U. N. et il croit, dit-il, que la question n'est pas encore bien au point et nécessite quelque réflexion.

Monsieur le Recteur Lyon, qui est souffrant, a fait un visible effort pour venir au milieu des étudiants qu'il considère comme ses enfants. Les congressistes accueillent ses conseils paternels en l'acclamant longuement.

Notre ami Féry remercie M. Lyon de toute la sympathie dont il entoure la jeunesse des Ecoles et il nous affirme que tous emporteront de la capitale des Flandres le meilleur souvenir.

Barat présente alors quelques remarques sur le Congrès qui se clôt. « Dans nos Congrès se fondent comme dans un creuset tous les vœux des étudiants de France ». Il nous dit sa joie en voyant l'empressement qu'il a rencontré chez nos invités venus si nombreux, sa joie pour le succès auquel on est arrivé, succès où chacun a droit à sa part. » Puis il adresse ses remerciments à ceux qui nous ont accordé leur patronage moral ou leur appui financier.

Enfin il nous donne lecture de plusieurs lettres dont l'une de Mlle Mulon, Présidente de l'A. G. des Etudiantes de Paris, regrettant de ne pouvoir assister au Congrès et envoyant l'expression de ses sentiments les plus sympathiques.

Au nom des étudiantes de Lille il lit le discours suivant :

« L'A. G. des Etudiantes de Lille saisit avec joie l'occasion de témoigner, elle aussi, toute sa reconnaissance à la grande Université de Lille pour le généreux appui qu'elle a trouvé auprès d'elle.

Mais c'est à Madame Cruppi d'abord que nous voulons exprimer nos sentiments de profonde gratitude, elle qui fut l'initiatrice de cette œuvre de haute philanthropie : la fondation des Associations d'Etudiantes.

Elle confia son généreux projet à Monsieur le Recteur, qui, dès le début, nous témoigna sa très bienveillante sollicitude, et à Madame Georges Lyon, qui nous prodigua son affection toute maternelle, et dont le sentiment si délicat réussit à gagner tous les cœurs.

Nous adressons aussi tous nos remerciements à la ville de Lille, à Madame Bigo-Danel, à Madame la Directrice du Lycée Fénelon, à nos maîtres, à tous ceux dont la générosité nous fit entrevoir dès l'aurore de son existence une Association forte et prospère.

A peine émise, l'idée d'un groupement d'Etudiantes fut l'objet d'un accueil enthousiaste, et, en quelques jours, notre Association fut constituée à l'exemple de celle de Paris.

Dimanche dernier, c'était Bordeaux qui fêtait l'inauguration de l'Association des Etudiantes, aujourd'hui même c'est Toulouse qui voit naître son A. G. Nous qui avons eu le privilège de trouver en Madame Georges Lyon une grande amie, dont le dévouement nous émut maintes fois, nous souhaitons ce même bonheur à nos compagnes des autres Universités.

Enfin nous remercions nos collègues, Messieurs les Etudiants, de nous avoir offert de participer aux travaux du Congrès : nous avons été frappées de la grande sympathie qui les unit. Aussi, notre dernier vœu est-il de voir se former une Union Nationale des Associations d'Etudiantes, à l'instar de l'Union Nationale des Associations d'Etudiants qui vient de nous donner un si bel exemple de solidarité.

La parole est alors donnée à Decroix qui nous donne les résultats du Congrès en nous lisant la liste des vœux adoptés, vœux que nous avons reproduits lors de leur vote par l'assemblée générale du Congrès, à l'Hôtel de Ville de Roubaix.

Réunion du Comité de l'Union Nationale
ÉLECTIONS

En quittant la séance solennelle de clôture, les membres du Comité de l'Union Nationale des Associations d'Étudiants de France se réunissent une dernière fois, dans l'une des salles de la Faculté de Droit.

Cette réunion a pour but l'élection du Bureau pour l'année 1911-1912.

Féry, président sortant, prononce une courte allocution puis on procède au vote.

Sont élus :

Président : Marcel DECROIX, président honoraire de l'Union des Étudiants de l'État de Lille, et commissaire général du Congrès de Lille ;

Vice-Présidents : PÉROT, président de l'Association Générale des Étudiants de l'Université de Poitiers ; TOUROLLE, président de l'Association Générale des Étudiants de l'Université de Paris. On décide de réserver la troisième Vice-Présidence à l'Association qui organisera le Congrès, Montpellier ou Dijon.

Secrétaire : MAZEN, président de l'Association des Étudiants de Limoges ;

Trésorier-Archiviste : PILLA, président de la Société Générale des Étudiants de Nancy.

Avant le vote, Barat avait déclaré décliner toute candidature, désirant se consacrer uniquement aux affaires de l'U, de Lille ; il avait désigné Decroix pour représenter l'Union de Lille.

Decroix remercie, au nom du nouveau bureau, les camades du Comité de l'U. N. Tous s'efforceront de faire aboutir les vœux votés. Après avoir fixé le lieu du Congrès de l'an prochain, que l'Association générale des Étudiants de Dijon organisera, les membres du Comité de l'U. N se hatent vers l'hôtel académique.

Le Banquet

Dans une vaste salle de l'Hôtel du Rectorat, de nombreux convives se réunissent. Des plantes vertes nous entourent à profusion. Des trophées de drapeaux français et étrangers ornent les murs, mariant agréablement leurs couleurs. Des fleurs et des draperies de velours rouge à crépines d'or encadrent le buste de la République.

Monsieur le Recteur préside, représentant Monsieur le Ministre de l'Instruction Publique.

A la table d'honneur : Mme Lyon, Mlle Lempereur, Directrice du Lycée Fénelon, Mlle Lesnes, Présidente et Mlle Clarinval, Vice-Présidente de l'A. G. des Etudiantes, de nombreuses étudiantes, MM. Allain, Secrétaire-Général de la Préfecture du Nord, représentant M. le Préfet, Delesalle, Maire de Lille, Assoignon, Secrétaire-Général de la Mairie, Dubuc, Inspecteur d'Académie, Pilon, Doyen de la Faculté de Droit, Lefèvre, Doyen de la Faculté de Lettres, L. Dubar, Bédard et Wertheimer, Professeurs à la Faculté de Médecine, Clément et Piquet, Professeurs à la Faculté de Lettres, Ledieu-Dupaix, Président de la Société d'extension universitaire, Consul des Pays-Bas, A. Scrive-Loyer-Bigo, Président des Orphéonistes Lillois, Verley, Président du Tribunal de Commerce, Pérot, Directeur des Cours de l'Union Française de la Jeunesse, Paillot, Rajat, Cavro, Raoust, Présidents honoraires de l'U., Brochart, Chef de Gare, Peltier, Secrétaire de l'Université, Sanson, Secrétaire des Facultés de Droit et de Lettres, etc., etc., etc.

Est-il besoin de dire que le banquet est empreint de la meilleure camaraderie et d'une belle et franche gaîté ?

Au dessert des toast divers sont portés et accueillis avec un tel enthousiasme qu'il déborde parfois jusqu'à couvrir la voix des orateurs.

M. Allain prend le premier la parole au nom de M. le Préfet. Il porte la santé du Président de la République, M. Fallières, et de M. Steeg, Ministre de l'Instruction Publique, Puis, ayant fait l'éloge de notre Recteur et du Maire de Lille, il nous engage à n'être jamais l'esclave de personne : Soyez, dit-il, les serviteurs du droit et conservez cette précieuse vertu : la bonté ».

Nous avons su mettre en pratique le principe si beau de la solidarité. A nous de faire triompher, ajoute M. Allain, les idées de liberté et de progrès ».

Des acclamations éclatent.

M. Delesalle nous félicite du succès obtenu : « Les beaux jours sont les plus courts. Voici qu'à peine arrivés vous allez nous quitter pour reprendre vos études et notre quartier latin va retrouver sa sérénité, son calme habituel.... au grand regret de ses habitants, car « aucune sonnette ne fut mise à mal ». (Salves d'applaudissements). Votre séjour à

Lille vous a servi à traiter des questions très intéressantes.
Vous avez eu pour défenseur l'avocat le meilleur, j'ai nommé
Monsieur le Recteur.

Malgré un soleil rebelle à paraître. j'espère que vous
n'emporterez pas un mauvais souvenir de notre ville et
quand vous y reviendrez, si les acteurs auront changé, le
livret et la musique seront identiques.

Je bois à la jeunesse studieuse, ardente, généreuse, à la
jeunesse étrangère, à la jeunesse de chez nous que je ne
sépare pas de celle de l'Alsace-Lorraine. Je bois à l'Union
Nationale des Etudiants de France qui doit rester comme
la République, une et indivisible ». ·

Les bravos redoublent. Puis ce sont quelques mots charmants de M. Ledieu-Dupaix qui soulèvent un ban retentis-
sant.

M. Lefèvre, Doyen de la Faculté des Lettres, célèbre la
Jeunesse française. Il nous demande de rester jeunes, de
rester énergiques pour montrer à tous une France toujours
jeune. Son discours, émaillé de pensées profondes dites avec
une exquise délicatesse d'expression, est salué par les applaudissements de tous les convives.

M. Wertheimer se lève alors et prononce le discours
suivant devant une salle que l'émotion gagne peu à peu et
rend silencieuse et attentive :

Mesdames,
Monsieur le Recteur,
Messieurs,

J'ai demandé la parole à un double titre.

D'abord, je suis peut-être un des rares convives de ce banquet,
Messieurs les Étudiants, qui ait suivi depuis ses débuts jusqu'aujour-
d'hui les destinées de votre Association.

Je l'ai vue naître. Le premier de vos Présidents était un de mes
amis. L'un de vos premiers Secrétaires a été mon frère, alors étudiant
à la Faculté des sciences. J'avais donc de bonnes raisons pour
applaudir, dès son origine, au succès de votre Société. J'ai assisté aussi
à ses moments difficiles et à son éclipse momentanée ; puis, j'ai été
heureux de la voir reprendre bientôt un nouvel essor, grâce aux
efforts de vos prédécesseurs et aux vôtres, grâce aussi à la sollicitude

60

et à la libéralité de ceux qui vous ont dotés d'une maison où vous êtes
maintenant chez vous.

Nous avons donc, Messieurs, beaucoup de souvenirs communs. Il
en est un que vous ne me pardonneriez pas de ne pas rappeler. C'est
celui de mon regretté collaborateur et ami Lepage, qui a été pour
vous pendant de longues années, le Président dévoué, le Président
modèle et qui a certainement contribué pour une grande part à faire
de votre Société ce qu'elle est à présent (Vifs applaudissements).

Voici que nous célébrons aujourd'hui le trentième anniversaire de
votre Association. Peut-être me trouverez-vous ambitieux ; mais je ne
désespère pas d'en fêter encore le cinquantenaire, puisque, aussi bien,
Metchnikoff nous apprend à nous défendre contre la vieillesse.
Comme il serait cependant un peu hasardeux de me promettre « le
long espoir et les vastes pensers », je bois dès à présent, et par provi-
sion à la prospérité toujours croissante de votre Association.

J'ai dit que je parlais à un double titre. C'est comme un des
vétérans de l'Université de Lille, que j'ai tenu à adresser mes vœux
aux étudiants lillois. Mais permettez-moi aussi d'unir dans un
même sentiment d'affection, cette Université de Lille, où je finirai
ma carrière et la vieille Université française de Strasbourg, ou je l'ai
commencée. Je veux surtout souhaiter la bienvenue à mes jeunes
compatriotes d'Alsace-Lorraine, qui évoquent pour moi un passé
toujours cher.

Je ne puis me rappeler sans émotion, qu'il y a 42 ans, j'étais
moi aussi, étudiant de première année à la Faculté de Médecine
de Strasbourg : C'était encore l'heureux temps où tous les soirs,
le clairon français sonnait au pied de cette statue de Kléber, qui est
devenue maintenant pour vous, mes chers compatriotes, un lieu de
pieux pèlerinage.

Après que l'Alsace eut été arrachée à la France, quelques-uns de
nos maîtres alsaciens nous continuèrent pendant quelque temps leur
enseignement, bénévolement et sans aucune attache officielle.
C'était Schützenberger, c'était Hirtz, c'était Boeckel, c'était Hergott:
et c'était aussi Küss, auprès de qui j'ai appris les premières notions
de Physiologie et qui, malheureusement, ne put nous continuer
longtemps ses leçons. Député de Strasbourg à l'Assemblée Nationale,
le grand Patriote mourut à Bordeaux, le jour même où cette Assemblée
« consentait au sacrifice de la nationalité française de l'Alsace. »

Autour de ces Maîtres vénérés, nous étions restés une cinquantaine
d'étudiants en médecine et à nous s'étaient joints aussi un certain
nombre d'étudiants de la Faculté de Théologie protestante. Nous
sentions le besoin de nous grouper, de nous unir et nous fondions
une association que nous appelions l'Alsatia.

Le jour de l'inauguration de l'Université allemande de Strasbourg,
nous avons parcouru les rues de la vieille cité alsacienne, avec des
immortelles à la boutonnière, et peut-être, mes chers compatriotes,
avez-vous encore entendu parler de cette soirée (le souvenir s'en est

conservé longtemps à Strasbourg), où, à la Brasserie Gruber, nous avons subi l'assaut des soldats allemands. Ne nous étions-nous pas avisés, il est vrai, d'entonner la *Marseillaise* et le *Rhin allemand*, au milieu de cette troupe de soldats. Ce sont de ces ardeurs de jeunesse qui ont la jeunesse pour excuse ; je ne voudrais pas vous les proposer en exemples.

Mais j'ai été heureux de voir (et votre présence me le prouve) que les sentiments qui nous animaient alors restent encore vivaces dans l'âme de la jeunesse alsacienne d'aujourd'hui, que vous avez gardé au cœur le culte du souvenir et la fidélité au passé. Les générations se succèdent mais elles se transmettent le flambeau sacré : « *fidei* » *lampada tradunt* .

Mes jeunes et chers compatriotes, je lève donc mon verre en votre honneur et je vous prie de porter à vos camarades d'Alsace le salut cordial d'un de leurs anciens. Voyez cette carte dont vous connaissez bien les couleurs : je l'ai recherchée à votre intention dans les papiers qui me rappellent les diverses étapes de ma carrière. C'est ma carte de membre fondateur de l'Alsatia : à quarante ans de distance, elle me fait votre camarade.

Mes chers camarades de Strasbourg, à votre santé !

Decroix, le nouveau président de l'U. N. remercie M. Lyon, et les organisateurs du Congrès. Il adresse le salut respectueux des Étudiants de France à M. R. Poincaré, qui a bien voulu leur accorder l'appui de son éminente personnalité en acceptant la présidence d'honneur de l'U. N.

M. Paillot, maître de conférences à la Faculté des Sciences, président honoraire de l'U nous fait revivre les heures premières de notre Association. Il nous avoue que jadis ses paroles seraient tombées dans le tumulte, car, paraît-il, on était alors plus bruyant qu'aujourd'hui. Les rires s'unissent aux applaudissements.

Tourolle, président de l'A. G., de Paris, fait l'apologie de l'énergie. Il salue la résurrection du sentiment patriotique et de la fierté nationale. Son cri final de « Vive la France » trouve des échos sonores.

Vient alors Pérot, de Poitiers, qui prononce le discours suivant :

« Un grand honneur a été fait par les membres du Comité de l'Union Nationale à l'Association générale des Étudiants de la très vieille Université de Poitiers que je représente, en m'élisant à la vice-présidence de l'Union.

« Cet honneur me vaut, Messieurs, le plaisir de porter à l'Uni-

versité, à son éminent recteur, M. Lyon, et à la ville de Lille, le
toast chaleureux et enthousiaste des Universités de province représentées à ce Congrès.

« Votre accueil si cordial et tant empreint de sympathique sincérité
nous conquit dès notre premier pas en votre cité. Cette impression
première ne s'est pas effacée. Nous sommes venus pleins d'espoir,
nous vous quitterons enchantés, ravis.

« Ravis par vos fêtes et votre hospitalité généreuse ; satisfaits par
les travaux de ce Congrès, aux discussions parfois vives, mais toutes
guidées par un idéal de justice désintéressée et de liberté.

« A l'Université, à la Ville, à l'Union des Étudiants de Lille, les
Universités de province portent ce toast.

« Pour exprimer toute ma pensée, préférant mon émotion sincère
aux formes capiteuses qui cachent parfois le vide des impressions,
je pourrais terminer d'un mot : Je vous dirais à tous : merci ; mais
permettez-moi de terminer ce toast bref, comme j'aurais dû le
commencer, en vous priant de lever votre verre aux Etudiantes de
Lille, aux Etudiants de France. »

Puis ce sont les spirituelles paroles de Gibert, de la coopérative de Pharmacie de Paris, de Bosquet, d'Amiens, de
Péron, de Bruxelles, dont le succès est très vif.

Matter, de Strasbourg, est fortement acclamé. Une gerbe
de fleurs lui est offerte dès qu'il a prononé les derniers mots
où il dit son regret d'être séparé de la mère patrie.

Dyrland, de Copenhague, est l'objet d'une ovation; il lit
le discours suivant dont nous n'avons pas voulu altérer la
saveur :

MESDAMES,
MONSIEUR LE RECTEUR,
MESSIEURS,
CHERS CAMARADES,

La réception que vous m'avez faite ici, me prouve d'une manière
convaincante combien vos sentiments sont amicaux envers le peuple
danois dont j'ai l'honneur de représenter les étudiants.

Les meilleures relations ont toujours existé entre la France et
le Danemark et nous en sommes fiers. Je viens de dire toujours, mais
j'exagère peut être un peu. Je me rappelle qu'il était un temps où les
Danois avaient été pris d'un amour peu platonique pour votre beau
pays. Mais le fait que vous allez fêter d'une manière éclatante le
millénaire de ces événements, me prouve que vous n'étiez pas
mécontents d'avoir mêlé votre sang à celui du peuple du Nord.
Maintenant nous ne venons plus par milliers pour occuper votre terre,
le temps des pirates normands n'existe plus, et, quand nous venons,

c'est sur votre invitation et non pour prendre vos objets précieux pour faire connaissance avec votre culture morale et intellectuelle si célèbre.

Les étudiants qui forment l'élite de la jeunesse des pays, ont une grande mission au service de la culture intellectuelle et la base de cette culture c'est la paix.

Etudiants français, vous accomplissez de grands travaux dans cette branche, en invitant les délégués des différentes nations à venir travailler avec vous aux bonnes relations internationales. Vos camarades danois vous sont obligés de votre appui et je suis d'accord avec eux, quand je vous remercie de tout mon cœur, en vous demandant de crier : Vive la France et les Etudiants de France.

De même Arne Jörgensen, d'Helsingsfors, soulève des tonnerres de bravos.

Enfin M. Lyon se lève, Il voudrait multiplier les remerciements. Il se tourne vers les délégués d'Alsace Lorraine et leur dit qu'aucune force humaine ne peut leur ôter le droit de se souvenir et de nous aimer. Il salue nos vaillants camarades d'outre-Vosges qui parlent comme des sages et des patriotes. Puis il lève son verre à la prospérité des Associations d'Etudiants, des Associations d'anciens Etudiants, des Associations d'Etudiantes nos « petites sœurs », à la prochaine Union Nationale des Etudiants.

On acclame le sympathique Recteur.

Mlle Lesnes, Présidente de l'A. G. des Etudiantes, remercie d'un mot, à la fois simple et joli, qui lui vaut des applaudissements répétés.

Combien de bans ont été battus ? Nul ne le sait. Nul ne le saura jamais, car à vrai dire on est devenu relativement insensible au bruit. Mais lorsqu'un orateur lâche un trait d'esprit, tous l'entendent et l'applaudissent. Et ma foi, on fait en cette fin de banquet autant d'esprit que de bruit : ce n'est pas peu dire !

Cette longue série des toasts est clôturée par notre président Gaston Barat.

Après avoir remercié les nombreux amis dont l'aide constante a permis à l'U d'atteindre si brillamment la 30° année de sa vie, il rappelle les noms de ceux à la générosité et à l'appui desquels il doit d'avoir pu mener à bien l'organisation de ce Congrès et dit à quel point est

M. BUISINE, Directeur de l'Institut de Chimie ; M. JOUNIAUX, Chef des Travaux
Les Étudiants de l'Institut de Chimie et quelques congressistes

M. l'Ingénieur LAFITTE et les congressistes en costume de mineur
Avant la descente au puits

Clichés de la Société des Mines de Lens

précieuse l'amitié qu'ils nous témoignent aujourd'hui par leur présence.

Puis s'adressant à nos camarades, il dit :

« Puisque ce banquet marque la fin trop proche à notre gré de ces fêtes, je vous prie d'apporter à vos camarades le salut cordial des étudiants de Lille....

Ceux qui, comme moi, ont eu le grand plaisir d'assister à plusieurs congrès de l'Union Nationale ont pu constater que l'Union s'y est faite chaque fois plus étroite, plus fraternelle, plus durable. Les étudiants des associations étrangères et françaises unis par une loyale et vive camaraderie témoignent de l'attraction qu'exercent entre elles les associations de la jeunesse studieuse ; la présence de nos camarades étrangers à cette manifestation de notre Union Nationale permet d'entrevoir, dans un avenir prochain, l'alliance pacifique et amicale des nations.

Et, reprenant la formule depuis longtemps célèbre dans les Congrès d'Étudiants il conclut :

Je croirais manquer au dernier de tous mes devoirs si je ne levais mon verre à la fraternité estudiantine qui prépare à la fraternité des peuples.....

Et l'on se sépare sur ces mots.

Distribution des Prix des Concours Sportifs

A 5 heures tous se retrouvent à la Maison des Etudiants après une traversée assez mouvementée de la ville, devant une foule de sympathiques citadins endimanchés.

La gaîté est à son comble. Disons mieux : ce n'est plus de la joie, c'est du délire. A l'approche de l'heure où grand nombre de nos hôtes vont nous quitter, chacun de nous sent davantage quelle fraternelle amitié nous unissait tous, et pour oublier le temps qui fuit avec rapidité l'on se grise de bruit : tous parlent à la fois et c'est à croire que, d'avoir entendu tant d'éloquence à la fin de notre banquet, chacun veut y aller de son mot pour dire à ceux qui vont s'en aller et même... à ceux qui resteront le bon souvenir que l'on gardera du Congrès.

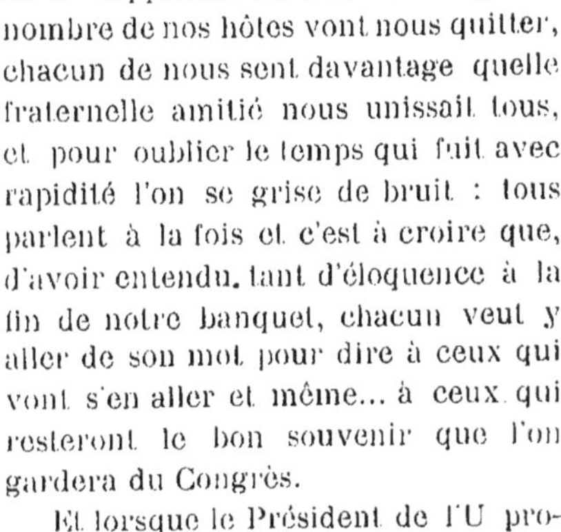

Et lorsque le Président de l'U prononce les résultats officiels des Concours sportifs (résultats que nous avons publiés plus haut) c'est à grand peine que sa voix domine tout d'abord, mais peu à peu un calme relatif revient. Et l'on acclame les champions auxquels les prix offerts par nos amis sont alors remis.

Puis le champagne circule à la ronde. Le Congrès est mort. Vive le Congrès. L'on boit au Congrès passé. L'on boit au Congrès futur, puis l'on se sépare.... de force et à regret. Par petits groupes les Etudiants vont de par la ville, jetant de place en place les derniers et bruyants échos de nos fêtes.

CINQUIÈME JOURNÉE

Lundi 15 Mai

I. — Visite aux Ateliers de Fives-Lille

A 2 heures 1/2, nous arrivons avec les délégués qui ont bien voulu rester quelques jours encore à Lille pour excursionner un peu dans les environs de la capitale des Flandres.

Fives est par excellence le quartier industriel de Lille. Il devait donc être l'objet d'une visite intéressante. Grâce à l'extrême amabilité de MM. les Ingénieurs et des différents chefs de service, nous nous émerveillons devant les travaux qui s'offrent à notre curiosité. Ce sont d'abord les locomotives. Plus loin, c'est la soudure autogène des métaux. Puis c'est le découpage des plaques de tôle par le chalumeau, ce sont les énormes marteaux pilons, etc., etc. Et à chaque pas des questions se posent auxquelles nos guides répondent de la meilleure grâce, nous donnant toutes les explications nécessaires.

Après cette agréable promenade au milieu de la métallurgie, au milieu de l'active et laborieuse ruche ouvrière de Fives, la joyeuse bande des Escholiers regagne Lille à travers les fortifications.

II. — Visite de l'Ecole Nationale des Arts et Métiers de Lille

M. Corre, Directeur de l'Ecole Nationale des Arts et Métiers, a bien voulu nous autoriser à visiter ce magnifique établissement d'enseignement technique. Sous la conduite

du major de 1re année, nous voyons d'abord l'amphithéâtre
de Physique, superbe et immense, puis les cabinets et salles
de travaux pratiques, de physique et de chimie. Nous visitons
les réfectoires et les cuisines, traversons des préaux larges
et spacieux et nous arrivons à la salle des machines motrices
et aux générateurs. Puis nous entrons dans la nef merveilleuse qui abrite l'atelier d'ajustage, aux innombrables
machines outils. Plus loin c'est la fonderie, c'est la menui-
serie, ce sont les forges, etc., autant de choses qui s'offrent à
l'admiration de chacun de nous et nous montrent quel merveilleux instrument d'éducation technique et pratique pos-
sède notre Région du Nord.

Et nous quittons la monumentale et vaste Ecole des Arts
et Métiers de Lille, œuvre de l'architecte Batigny, enchantés
de l'accueil cordial qui nous vient d'être fait.

SIXIÈME JOURNÉE

———

Mardi 16 Mai 1911

———

Excursion aux Mines de Lens

C'est à 7 heures du matin que l'on se retrouve à la gare de Lille.

Quelques étudiants de l'Institut de Chimie sous la conduite de Monsieur le professeur Buisine, directeur de l'Institut de chimie et de Monsieur Jouniaux, chef de Travaux pratiques, se joignent à nos hôtes.

Quelques camarades de l'U que le sort a privilégié nous accompagnent. C'est dommage que le nombre des excursionnistes soit limité, car beaucoup désiraient ardemment y prendre part et plus encore ont regretté de ne pouvoir le faire quand ils ont su l'accueil aimable qui nous fut réservé et les merveilles que nous avons vues.

Le train part ; est-ce le cahot de la voiture, la fatigue causée par les veilles trop longues, est-ce la fraîcheur matinale, je ne sais.... mais plusieurs de nos camarades se plongent dans un sommeil dont ils ont l'air d'avoir grand besoin !

A 9 heures on les réveille : Nous voilà arrivés à Lens.

Sur le quai de la gare, Monsieur Reumaux, directeur général de la Société des Mines de Lens, nous accueille, accompagné de MM. Lafitte et Fougerolles, ingénieurs en chef ; de MM. Hanicotte et Deplace, ingénieurs du service central.

Après les présentations d'usage, Monsieur Reumaux nous souhaite la bienvenue dans les termes les plus aimables ; il regrette que ses occupations l'empêchent de nous accompagner dans notre excursion à travers la cité minière et nous confie aux soins empressés de MM. les ingénieurs.

69

Barat remercie avec effusion, dit la curiosité bien légitime des étudiants étrangers de connaître les merveilles de notre région, et exprime toute sa gratitude envers la Société des Mines de Lens qui a accepté avec tant de bonne grâce et d'empressement de nous les dévoiler.

Mais le temps presse ; un train spécial nous attend et nous emporte sur de moelleux coussins jusqu'aux puits 12 et 14 où nous devons descendre. La caravane se scinde en deux parties : les étudiants de l'Institut de Chimie avec Monsieur le professeur Buisine et Monsieur Jouniaux descendront à la fosse nᵒ 12 et les congressistes, sous la conduite de MM. les ingénieurs de l'exploitation descendront au nᵒ 14.

Des vêtements de mineur sont préparés : nous les revêtons en hâte. C'est dans cette tenue où chacun se reconnaît à peine que le photographe de la compagnie prend les clichés que nous reproduisons ici.

On nous remet les lampes Davy qui nous éclaireront dans les veines obscures et nous partons.

Nous voilà dans la machinerie près du groupe moteur qui anime le treuil gigantesque sur lequel s'enroulent les cables qui supportent les cages dans le puits. On nous loge par deux dans des berlines et on nous fait baisser la tête quand on engage ces berlines dans la cage.

En route pour le fond !

Après quelques secondes de trajet, nous nous trouvons à 300 mètres de profondeur. Sous la conduite de MM. les Ingénieurs nous suivons d'interminables galeries blanchies à la chaux, où serpentent des trains de berlines pleines de charbon que tirent des chevaux. Puis nous arrivons à la veine en voie d'exploitation où nous n'avons pour nous guider que la clarté de nos lampes... et les indications des ingénieurs.

C'est là que nous voyons le travail du mineur dans toute sa vérité. Certes de merveilleux outils à air comprimé l'aident puissamment dans son dur labeur, mais le pic doit frapper ferme car la veine est dure.

Nous passons par des chantiers où l'exploitation ne fait que commencer et où il faut cheminer *à quatre pattes*, en rampant, par d'étroits passages. Heureusement que le solide

chapeau de cuir nous protège contre les chocs du toit où l'on
se cogne !

Ensuite nous arrivons à un plan incliné que des berlines pleines descendent en faisant remonter par leur poids
les berlines vides accrochées à une chaîne sans fin.

Après quelques kilomètres au fond du puits, après avoir
visité les écuries, passé des galeries ventilées aux veines et
inversement nous retournons au puits et la cage nous
remonte dans notre berline vers la lumière du jour. Chacun
regagne sa cabine, quitte ses vêtements de mineur, prend un
bain bien gagné et reparait frais et rose.

Il est midi. Cette longue promenade à travers les méan-
dres des galeries du fond nous a mis en appétit.

Nous regagnons le wagon qui nous conduit à la salle des
fêtes de la cité où un lunch nous est offert par la Société des
Mines de Lens.

Hors-d'œuvre
Truite saumonée à la Néva
Filet de Bœuf à la Parisienne
Jambon de Prague glacé au Clicquot
Salade Laurette
Aspic de Foie gras
Pudding à la Française
Desserts

Tout le monde aurait fait grand honneur à un tel menu
servi d'excellente façon; nos estomacs affamés lui firent
fête !...

Nous arrivons à l'heure des toasts. Monsieur l'Ingénieur
Lafitte qui préside ce lunch prend la parole. Il renouvelle
les vœux de bienvenue que Monsieur Reumaux nous a
exprimés à notre arrivée. Il dit que la Société des Mines
de Lens a toujours tenu à honneur de montrer en détail
les beautés de son exploitation et qu'elle en est fière. Le
souci du bien être qu'elle s'efforce d'accorder aux mineurs
ne peut être apprécié qu'en visitant les organisations de la
cité ouvrière....

Il lève son verre à la santé des fils de nos Universités !

Monsieur le Professeur Buisine remercie la Société des

Mines de Lens de l'accueil qu'elle a bien voulu réserver aux
étudiants de l'Institut de Chimie, qu'il est heureux d'avoir
accompagné et dont il exprime l'enthousiasme. Il s'est joint
avec joie à l'excursion des étudiants congressistes, il boit à
la santé de MM. les Ingénieurs de la Société qui se sont
montrés si accueillants.

Barat prend la parole et répond aux mots aimables de
Monsieur l'Ingénieur Lafitte. Il sait être l'interprète de tous
ses camarades en le priant de transmettre l'expression de
leur vive gratitude au Conseil d'administration de la Société
des Mines, à son directeur, Monsieur Reumaux, qui nous a
accueilli avec des paroles si bienveillantes, à Monsieur le
professeur Théodore Barrois à qui l'Union des Étudiants de
Lille doit tant déjà, et qui, non content d'avoir aidé le Comité
d'organisation de ses conseils éclairés pour la belle soirée
de vendredi, nous a ménagé la charmante journée d'aujourd'hui.

Notre président rappelle que le regretté Léonard Danel
qui a pris une si grande part à la prospérité de la Société des
Mines de Lens dont il fut longtemps le président, a été aussi
un des bienfaiteurs les plus généreux de l'Université et qu'il
a participé dans une large mesure à la création de la splendide Maison des Étudiants de Lille.

Il remercie Messieurs les Ingénieurs qui se sont donnés
à tâche de ne rien nous cacher des merveilleuses organisations du fond et du haut et dont l'amabilité est sans limites.

Barat conclut en disant que la visite d'aujourd'hui n'est
pas seulement une superbe leçon technique, un enseignement
de l'audace et de l'ingéniosité humaines dans ses plus belles
productions, mais aussi une leçon de choses d'une portée
sociale très élevée et dont l'importance n'échappe à personne.

On boit à la santé de nos hôtes.

Puis la visite reprend et nous allons à la cité Saint-
Laurent ; — D'abord les corons avec leurs intérieurs prodi-
gieux de propreté et de commodité, leur école magnifique,
leur ouvroir, leur coopérative, leur stand de jeux, leur
crèche de nourrissons et toutes les organisations sociales si
curieuses de la cité minière.

72

Sortis de l'enceinte des corons nous reprenons le train et
nous arrivons à Pont-à-Vendin, près des fours à coke, four-
naises d'où l'on voit sortir le charbon incandescent que des
jets d'eau arrosent copieusement en produisant de pittoresques nuages de vapeur. « C'est un avant-goût de l'enfer ! »
s'écrie le spirituel délégué danois.

De là nous allons voir les gigantesques barboteurs où
s'épurent les produits de distillation de la houille ; nos cama
rades de l'Institut de Chimie écoutent avec un intérêt
bien compréhensible les explications que donne Monsieur
l'Ingénieur en chef Dinoire.

Enfin, nous arrivons près d'une installation unique :
trois moteurs à gaz géants dont les solides assises reposent
sur des platines constamment lubrifiées, utilisent le gaz
produit en excès par les fours à coke ; ils actionnent des
dynamos qui transforment leur force en un courant à
45.000 volts ; c'est ce courant qui va distribuer sur toute la
région, — jusque Saint-Quentin, — dans un rayon de plus de
100 kilomètres la précieuse énergie électrique.

Puis nous visitons les quais d'embarquement de la houille :
Par des trémies qui s'étendent sur plusieurs kilomètres de
long le charbon s'écoule dans les barques qui sont à quai sur
le canal de la Deûle.

Mais nous atteignons le terme de notre visite : le train
nous ramène vers la gare de Lens, et, au moment où nous
quittons le territoire de la compagnie on nous distribue de
superbes albums illustrés qui nous rappelleraient cette visite
au cas où nous pourrions l'oublier — ce qui n'arrivera pas de
si tôt.

Nous adressons à nos hôtes charmants un dernier et
cordial merci, et, après une halte prolongée au buffet de la
gare — oasis que d'aucuns cherchaient depuis longtemps —
nous nous embarquons pour Lille où nous arrivons vers
7 heures du soir.

Echos du Congrès

Et pour finir, une agréable surprise. Le lundi matin paraît à l'*Officiel* la nomination de M. Pilon, doyen de la Faculté de Droit et de M. Le Goaster, inspecteur principal à la Compagnie du Nord au grade d'Officier de l'Instruction publique ; de MM. le Dr Cavro, président honoraire de l'U ; Durand, professeur à l'Ecole Baggio, ancien Vice-Président de l'U ; Tallon, du Bureau des Ecoles de la Mairie de Lille, au titre d'Officier d'Académie.

*

Nous applaudissons avec joie à la distinction honorifique dont vient d'être l'objet M. le Doyen de la Faculté de Droit. Sa décoration lui sera particulièrement chère pour lui être échue à l'occasion d'un Congrès d'Etudiants, lui, l'ami sincère et dévoué de la jeunesse estudiantine. Les élèves et anciens élèves de M. Pilon ont pu apprécier avec quelle science profonde il professe depuis nombre d'années son cours de Droit civil, combien il rend attrayante l'étude des questions juridiques les plus délicates et les plus ardues. Ils savent d'autre part l'accueil cordial qu'ils sont assurés de trouver auprès de leur Doyen lorsqu'ils ont besoin de guide ou de conseils.

M. Pilon a largement contribué au développement de la Faculté de Droit. Professeur, il encourageait les initiatives individuelles, il patronait les premiers cours de notariat et de procédure qui étaient enseignés à la Maison des Etudiants par MM. Tamine et Devaux, il aidait à la renaissance de la Conférence Merlin qu'un groupe d'Etudiants en droit voulait ressusciter. — Doyen, il a su coordonner les efforts de chacun pour leur donner plus de vitalité et c'est ainsi que

74

furent créés l'Institut pratique de Droit et les Salles de Travail si utiles et si appréciés des étudiants.

La rosette d'Officier de l'Instruction Publique est une récompense bien méritée. Qu'il veuille bien recevoir nos sincères et respectueuses félicitations.

* * *

M. Le Goaster, le distingué Inspecteur principal de l'exploitation à la Compagnie des Chemins de fer du Nord, à Lille, a été également promu Officier de l'Instruction Publique. Depuis toujours M. Le Goaster est l'ami sincère et dévoué de l'Université. A l'occasion de notre Ve Congrès, son intervention a été particulièrement opportune pour faciliter à nos invités leur voyage à Lille et l'excursion aux mines de Lens.

* * *

M. le Dr Cavro est, lui aussi, un des nôtres. Il est sorti de nos rangs. Président honoraire de l'U, il avait, étant à la tête de notre Association, donné sans compter son activité pour assurer à l'Union un rayonnement aussi grand que possible. Depuis qu'il nous a quitté, il n'a cessé à chaque instant de nous prouver son attachement fidèle et dévoué. C'est donc avec grand plaisir que nous l'avons vu devenir Officier d'Académie.

* * *

Durand était hier encore étudiant. Camarade affable entre tous il ne comptait parmi nous que des amis. Il fut longtemps membre du Comité et ses conseils pleins de bon sens étaient de ceux que nous écoutions volontiers. Après avoir occupé diverses fonctions au bureau, il devint enfin Vice-Président. Le Dr Andrés, président honoraire de l'U, pourrait mieux que nous vous dire combien Durand fut un aide précieux pour la direction de nos destinées. Nous ne doutons pas que notre ami n'apporte à l'Union Française de la Jeunesse, dont

il est professeur, ce zèle et ce dévouement qui le caracté-
risent et nous sommes heureux de voir son labeur couronné
par cette nomination au titre d'Officier d'Académie.

*
* *

M. Tallon est un de nos amis les plus sincères. Jamais
nous n'avons fait appel à son concours sans recevoir une
réponse favorable et empressée. Cette fois encore nous avions
eu recours à lui. Il est venu on s'en souvient, diriger avec
un tact et une délicatesse très remarqués notre service de
contrôle à la soirée de gala *L'Arlésienne*.

Qu'il reçoive ici nos plus sincères félicitations pour la
dictinction qu'il vient d'obtenir.

SUBVENTIONS

accordées pour l'organisation du 5ᵉ Congrès National
des Associations d'Étudiants de France et des
Fêtes du 30ᵐᵉ Anniversaire de la
fondation de l'Union des
Etudiants de l'Etat.

———

La Ville de Lille.
Le Ministère de l'Instruction Publique.
Le Conseil Général du Nord.
Monsieur MAXIME-DUCROCQ, Notaire de l'Université, Secrétaire
  Général du Comité de Patronage de l'Union Nationale des
  Etudiants de France.
Monsieur Paul BERSEZ, Sénateur du Nord.
Monsieur SCULFORT, Sénateur du Nord.
Monsieur TRYSTRAM, Sénateur du Nord.
Monsieur Maxime Lecomte, Sénateur du Nord.
Monsieur Lozé, Sénateur du Nord.
Monsieur Ribot, Sénateur du Pas-de-Calais.
Monsieur Armand SÉE, Ingénieur.
Un Anonyme.
Monsieur SEYDOUX, Député du Nord.
Monsieur HANOT, Député de l'Aisne.

DES PRIX ONT ÉTÉ OFFERTS PAR :

MM. FALLIÈRES, Président de la République Française.
S. M. ALBERT Ier, Roi des Belges.
STEEG, Ministre de l'Instruction Publique et des Beaux-Arts.
Le Conseil Général du Nord.
La Ville de Lille.
DELESALLE, Maire de Lille.
MOTTE, Maire de Roubaix.
BOUDENOOT, Sénateur du Pas-de-Calais.
VANDAME, Député du Nord.
BRAIBANT, Député de l'Aisne.
LEFEBVRE, Hippolyte, Membre de l'Institut.
Ch. BARROIS, Professeur à la Faculté de Médecine de Lille,
   Vice-Président du Conseil de l'Université.
LEDIEU-DUPAIX, Président de la Société d'extension Universitaire.
MAXIME-DUCROCQ, Secrétaire du Comité du Patronage de
   l'Union Nationale.
Paul LEFEBVRE.
LAURENGE, Adjoint au Maire de Lille.
DEPLECHIN, Statuaire.
P. DECROIX, Président de l'Union Photographique du Nord.
Henri RAOUST, Dessinateur.
RAJAT, Avocat, Président honoraire de l'Union des Etudiants
   de l'Etat.
Emile RAOUST, Président honoraire de l'Union des Etudiants
   de l'Etat.
Marcel DECROIX, Président honoraire de l'Union des Etudiants de l'Etat.
DUMINIL, Artistre Peintre.
DELEMAR et DUBAR, Imprimeurs.
CAYEZ, Photographe.
Georges PETIT.
La Société des Sciences,
L'Union Française de la Jeunesse.
Société d'Armes et Cycles de Saint-Etienne.
L'Union des Sociétés de Tir.
La Société des Carabiniers Lillois
MANS, Maître d'Armes.
MEÏER, Directeur de l'Idéal Skating.
DUCOULOMBIER, Directeur du Grand Skating Français.
HERPIN, Professeur d'Escrime.

Imprimerie Coopérative « LA GUTENBERG ».
La Maison BRAMPTON.
La Maison SANDOW.
L'Union Libre.
Lille-Université.
Le Matin.
Le Journal.
L'Auto.
Le Plein Air.
Le Nord Illustré.

Le Salon d'Art estudiantin,
installé dans la salle des Actes de la Faculté

Sympathies..... et regrets

Nos vieux amis de Buda-Pest, Zemberi et de Hindy, que nous avions eu le plaisir de voir en 1907, nous ont témoigné combien ils auraient voulu être des nôtres pour affirmer la vitalité de la « Fédération internationale des Etudiants » (*Corda Fratres*). De même en ce qui concerne Provençal, de Marseille, l'un des fondateurs de cette Fédération.

Nous avons reçu des lettres de regrets de Julien, Vice-Président de l'U. N., ancien Président de l'A de Paris ; de Lorentz, avocat à Briey, ancien Président de Nancy, qui fut Président du Congrès de Marseille en 1906, à l'époque où l'on jetait les premières bases de notre Union Nationale ; de Laurens, Président de Marseille et organisateur du Congrès de 1906, empêché au dernier moment ; de Salzedo, ancien Président de Bordeaux ; Guastavino, d'Alger, devait participer à notre Congrès avec cinq de ses camarades, les examens trop proches les en ont empêché. De même pour Cau, de Toulouse, et ses camarades ; pour nos amis de Bordeaux, Grenoble, Angers, Reims, Nantes.

Souhaitons que l'an prochain les organisateurs du VIᵉ Congrès puissent choisir une date qui permettra à toutes les Associations d'y venir. Souhaitons aussi que les étudiants de Rennes et de Lyon prennent à cœur de se constituer d'ici-là en Associations et tiennent à s'unir aux travaux de l'U. N. qui méritera alors vraiment son nom.

Nos Amis

A la suite de ce compte-rendu de fêtes qui marquent une date dans l'histoire de notre Association, nous sommes heureux de publier les noms de ceux qui nous aident de leur appui pécuniaire et moral : nos membres bienfaiteurs, à qui nous devons tant de gratitude ; nos membres d'honneur et honoraires dont la cotisation annuelle constitue un des plus précieux — et des plus importants — revenus de l'Union ; nos Présidents honoraires qui, par leur zèle et leur activité ont contribué à donner à notre Association sa situation actuelle.

Ce compte-rendu serait incomplet s'il ne faisait pas connaître les noms des généreux donateurs qui nous ont permis l'organisation de ces fêtes en nous accordant des subventions importantes ou des prix pour nos concours.

Enfin, récemment, quand nous nous sommes efforcés de doter notre Maison des Etudiants d'une bibliothèque de manuels, nous avons obtenus des appuis généreux que nous sommes heureux de faire connaître.

La liste n'en est pas close.

Et puisque nous exprimons notre reconnaissance à ceux qui nous aident, nous aurions garde d'oublier MM. les Secrétaires de l'Université et des Facultés, MM. les Appariteurs et les Membres du petit personnel toujours empressés à nous rendre service.

G. B.

Présidents Honoraires

MM. Deguerne.

Paillot, Professeur à la Faculté des Sciences. Président de l'Union Française de la Jeunesse.

Baude (D'), Calais.

Simon.

† Lepage, Léon (D').

Rajat, Avocat, délégué cantonal, Lille.

† Protin.

Laurent.

Cavro (D'), Lille.

Froussart, Professeur au Lycée de Tulle (Corrèze).

Raoust, Lille.

Andrès (D'), Saint-Pol-sur-Ternoise.

Decroix M., Avocat, Lille.

Membres Bienfaiteurs Perpétuels

MM. † Louis Pasteur, Doyen honoraire de la Faculté des Sciences de Lille.

† Angellier, Doyen honoraire de la Faculté de Lettres.

† Danel, Léonard, Imprimeur.

† Lepage. Léon (D') Président honoraire de l'Union des Étudiants de l'État.

Membres Bienfaiteurs

MM. Barrois, Ch., Membre de l'Institut, Professeur à la Faculté des Sciences.

Barrois, Th. (D'), Professeur à la Faculté de Médecine.

Bersez, P., Sénateur du Nord, Maire de Cambrai.

Bigot-Danel, Imprimeur.

Carlier (D'). Professeur à la Faculté de Médecine.

Coquelle, Maire de Rosendaël.

MM. Delaune, M., Député du Nord, Président de la Société des
Amis de l'Université.

Fockeu, Professeur de la Faculté de Médecine.

Laurenge, Adjoint au Maire de Lille.

Lernould, Négociant.

Ledieu-Dupaix, Consul des Pays-Bas, Président de la Société
d'Extension Universitaire.

Loubet, E., Ancien Président de la République.

Lyon, G., Recteur de l'Académie, Président du Conseil de
l'Université.

Oui (Dʳ), Professeur à la Faculté de Médecine.

Richet, Ch., Professeur à la Faculté de Médecine de Paris.

Scrive-Loyer. A., Industriel, Lille.

Surmont (Dʳ), Professeur de la Faculté de Médecine.

Madame E. Lepage, Lille.

Ministère de l'Instruction Publique.

Conseil de l'Université.

Conseil Général du Nord.

Ville de Lille.

Ville de Douai.

Ville de Cambrai.

Ville d'Armentières.

Ville de Tourcoing.

Ville d'Arras.

Ville de Calais.

Membres d'Honneur

MM. Calmette (Dʳ), Directeur de l'Institut Pasteur.

Damien, Doyen de la Faculté des Sciences.

Delesalle, Maire de Lille.

Dubar (Dʳ), Professeur de la Faculté de Médecine.

Ducrocq, Maxime, Notaire de l'Université.

Dubron, ancien Bâtonnier de l'Ordre des Avocats, Douai.

Dumont, avocat, député du Nord.

Gaudier, (Dʳ) Professeur à la Faculté de Médecine.

La Gutenberg (Imprimerie).

Lefèvre, Doyen de la Faculté des Lettres.

Lemoine (Dʳ), Professeur de la Faculté de Médecine.

MM. Penjon, Professeur à la Faculté des Lettres.
Pilon, Doyen de la Faculté de Droit.
Sevin, O., Négociant.
Vve Van Colbert.

Membres Honoraires

MM. Aftalion, Professeur de la Faculté de Droit.
Allemes, Président de la Chambre des Notaires, Dunkerque.
Appleton, Professeur à la Faculté de Droit.
Arquembourg (Dr), Lille.
Ausset (Dr), chargé de Conférences à la Faculté, Lille.
Barat, Léon, Lille.
Barlet, Principal du Collège de Boulogne.
Barrois-Brame, Conseiller général du Nord, Marquillies.
Baude (Dr), Calais.
Baudry (Dr), Professeur à la Faculté de Médecine.
Bédart (Dr), Professeur à la Faculté de Médecine.
Bernard (Dr), Lille.
Berquet (Dr), Calais.
Bertin (Dr), Chef de clinique à la Faculté de Médecine.
Bertin, Docteur en droit, Lille.
† Bézu (Dr), La Bassée.
Biebuyck, Licencié en Droit, Vieux-Berquin.
Bigotte (Dr), chirurgien-dentiste, Lille.
Blanquart (Dr), Auby (Nord).
Blondel, Professeur à la Faculté de Droit.
Boby de la Chapelle, Percepteur Universitaire.
Bonte, Conseiller Général, Maire de Lambersart.
Bouret (Dr), St-Maurice-Lille.
Boulard, Professeur à la Faculté de Droit.
Brackers d'Hugo, Avocat, Lille,
Bréguet, Ingénieur, Douai.
Breton (Dr), Professeur à la Faculté de Médecine.
Brochart, Professeur à la Faculté.
Bué (Dr), Professeur à la Faculté de Médecine.
Callens, Changeur, Lille.
Cardon, Ancien Député.
Carette (Dr), Vis-à-Marles (P.-de-C.)

MM. Carpentier, Avocat, Secrétaire général de la Société des
Amis de l'Université.

Carré de Malberg, Juge au Tribunal Civil, Professeur
à l'Institut Pratique de Droit.

Carrière (D'), Professeur à la Faculté de Médecine.

Caumartin (D'), Directeur de la Clinique dentaire.

Cateaux, Négociant, Lille.

Cazes, A. (D'), Saintes, (Charente).

Chas, Maire d'Armentières.

Charmeil (D'), Professeur à la Faculté de Médécine.

Choquet (D'), Armentières.

Claeys, Maire de Bergues, Ancien Sénateur, Vice-Président
du Conseil général du Nord.

Clairin, Professeur à la Faculté des Sciences.

Clément, Professeur à la Faculté des lettres, Secrétaire de
la Société d'extension Universitaire.

Clouez.

Colle, Juste (D'), Lille.

Colle, Pierre (D'), Lille.

Collinet, Professeur à la Faculté de Droit.

Combemale (D'), Doyen de la Faculté de Médecine.

Coppens (D'), Lille.

Cousin, Th., Négociant, Lille.

Crémont, Consul de Turquie, Négociant, Lille.

Crépy, Lucien, Filateur.

Crespel.

Curtis (D'), Professeur à la Faculté de Médecine.

Damien, Docteur en Droit, Valenciennes.

Dauthuille (D'), Chef de clinique optalmologique.

Debeyre (D'), Chef des Travaux d'Histologie.

Debierre (D'), Sénateur du Nord, Professeur à la Faculté de
Médecine.

Décaudin, V., Ingénieur-Chimiste, Lille.

De Folleville de Bimorel, Député de la Seine-Inférieure,
Doyen honoraire de la Faculté de Droit.

Deflinne (D'), Blanc-Misseron.

Défontaine (D'), Député du Nord.

Dehon (D'), Lille.

Dehove, Ancien Député du Nord.

De Lauvereyns, Avocat, Lille,

MM. Delos, Conseiller Municipal, Lille.

Delory, Député du Nord.

Demangeon, Professeur à la Faculté de Droit.

Demartres, Professeur, Doyen de la Faculté des Sciences.

Depitre, Professeur à la Faculté de Droit.

Derocquigny, Professeur à la Faculté des Lettres.

De Saint-Léger, Professeur à la Faculté des Lettres.

Desbordes, Directeur des Douanes.

Desforges, Juge au Tribunal de Commerce, Dunkerque.

Desoil (Dr), Chef des Travaux de Micrographie.

Doumer (Dr), Professeur à la Faculté de Médecine.

Douxami, Professeur à la Faculté des Sciences.

Dron (Dr), Vice-Président de la Chambre des Députés, Maire de Tourcoing.

Dubois (Dr), Professeur à la Faculté de Médecine.

Dubuc, Inspecteur d'Académie.

Dubuisson (Dr), Boué (Aisne).

Ducrocq, G., Directeur des *Marchés de l'Est*.

Dufrénoy, Négociant, Lille.

Durand, E., Ingénieur, Professeur à l'Ecole Baggio.

Duval, Négociant, Lille.

Eloy, E. (Dr), Trélon (Nord).

Evrard (Dr), Lille.

Fanyau, Pharmacien, Maire d'Hellemmes.

Faure, Directeur de la Compagnie des Tramways.

Fontan (Dr), Prosecteur d'Anatomie.

Fosse, Professeur à la Faculté des Sciences.

Gabillas, Lieutenant au Recrutement, Lille.

Gamblin, G., Avocat, Paris.

Gardin (Dr).

Gérard, E. (Dr) Professeur à la Faculté de Médecine et de Pharmacie.

Gérard, G. (Dr), Professeur à la Faculté de Médecine.

Gérard, M. (Dr), Aide de Clinique.

Gosselet, Doyen honoraire de la Faculté des Sciences.

Gosselin (Dr), Lille.

Gratadour, Négociant.

Griffiths, J., Arras.

Guernier, Député d'Ille-et-Vilaine, Professeur à la Faculté de Droit.

MM. Guillain, F., Ancien Ministre.

Hallez, Professeur à la Faculté des Sciences.

Hayot, Ingénieur - Chimiste, Lille.

Hennebicque, Directeur des Contributions Directes.

Hérin, Pharmacien, Thumesnil.

Herlemont (Dr), Caudry.

Hocqueghem, Pharmacien, Lille.

Jacquey, Professeur à la Faculté de Droit.

Jouguet, Professeur à la Faculté des Lettres.

Kestner, Courtier à Dunkerque.

Laferrière, Professeur à la Faculté de Droit.

Laguesse (Dr), Professeur à la Faculté de Médecine.

Lambret (Dr), Professeur à la Faculté de Médecine.

Lambling (Dr), Professeur à la Faculté de Médecine.

Landouzy, Brasseur, Lille.

Laurenge, Adjoint au Maire de Lille.

Leblat, Pharmacien, Lille.

Leclercq, Ch., Avocat, Paris.

Lecompte, Avocat, Trélon.

Lecœuvre, Pharmacien, Tourcoing.

Legrand, Emile, Président des « Fils des Trouvères », Lille.

Lefebvre, Principal du Collège de Dunkerque.

Lefebvre, Jules, Professeur honoraire, agrégé de l'Université Lille.

Lefort (Dr), Professeur à la Faculté de Médecine.

Lemoult, Professeur à la Faculté des Sciences, Directeur de l'Ecole de Commerce.

Leroy (Dr), Médecin des Hôpitaux, Lille.

Lévy Ullman, Professeur à la Faculté de Droit, Chef de Cabinet de M. le Ministre du Travail.

Looten (Dr), Médecin des Hôpitaux.

Looten, Louis (Dr), Lille.

Louart, Principal du Collège d'Armentières.

Maquennehen, Sénateur de la Somme.

Maillard (Dr), Watrelos.

Malaquin, Professeur à la Faculté des Sciences.

Marguérit, Imprimeur.

Martin (Dr), Médecin des hôpitaux, Lille.

Matton, Maire de Marchiennes.

Mazure, Avocat, Paris.

90

MM. † Merchier, Professeur au Lycée, Lille.

Melchior, Consul de Belgique.

Minet (D^r), Professeur à la Faculté de Médecine.

Monceaux, Marcel, Ingénieur-Électricien, Lille.

Monsarrat, Vétérinaire, Inspecteur Départemental.

Mouchet, Professeur à la Faculté de droit.

Morand, Libraire, Lille.

Morel, Professeur à la Faculté de Droit.

Motte, Eugène, Conseiller Général, Maire de Roubaix.

Naudet, Ingénieur, Directeur de l'Institut Industriel.

Nicolardot, Professeur à la Faculté des Lettres.

Noiret, Conseiller Général, Maire de Rethel.

Noquet (D^r), Lille.

Ollivier, Professeur à la Faculté des Sciences.

Ollivier, Chirurgien-Dentiste, Landerneau.

† Ovigneur, Ancien Bâtonnier de l'Ordre des Avocats.

Painblan (D^r), Lille.

Pajot, Conseiller municipal.

Pamart, Professeur à la Faculté de Droit.

Patoir (D^r) Professeur à la Faculté de Médecine.

Pascal, Professeur à la Faculté des Sciences.

Paucot (D^r), Médecin des Hôpitaux.

Pélabon, Professeur à la Faculté des Sciences.

Petitcollot, Conservateur des Hypothèques.

Pérot, Avocat, Directeur des cours de l'Union Française
de la Jeunesse.

Petot, Professeur à la Faculté des Sciences.

Piquet, Professeur à la Faculté des Lettres.

Ponthieu (D^r), Beauval.

Ponthieu (D^r), Mark.

Potel (D^r), Professeur à la Faculté de Médecine.

Potié, Sénateur, Maire d'Haubourdin.

Plateau, Imprimeur, Lille.

Prélat, Direct^r Départemental de l'Enseignement Primaire.

Raviart (D^r), Professeur à la Faculté de Médecine.

Mme Renaud-Cordonnier, Arras.

Riche (D^r), Jeumont.

Ricome, Professeur à la Faculté des Sciences.

† Roussel, Edouard, Conseiller Général, Adjoint au Maire
de Roubaix.

MM. Salé, Proviseur du Lycée de Lille.

Schatz, Professeur à la Faculté de Droit.

Sée, Armand, Ingénieur, Lille.

Sergent (D'), Directeur de l'Hospice des Incurables, Saint-André.

Siauve-Evausy, Publiciste, Lille.

Stoclet, Ingénieur des Ponts et Chaussées.

Taconnet (D'), Chef de Clinique à la Faculté de Médecine.

Tramblin (D'), Chef de Clinique à la Faculté de Médecine.

Terquem, Avocat, Maire de Dunkerque.

Traynard, Professeur à la Faculté des Sciences.

Trystram, Sénateur du Nord.

Vallas, Doyen honoraire de la Faculté de Droit.

Vallée (D'), Chef de Travaux à la Faculté de Médecine.

Van Cauvenberghe, Président du Conseil Général, Maire de Saint-Pol-sur-Mer.

Vandame, Député du Nord.

Van Rycke, Bibliothécaire de l'Université.

Vanverts (D'), Professeur à la Faculté de Médecine.

Vautrin, Chef de division à la Préfecture, Professeur à l'Institut Pratique de Droit.

Vansteenberghe (D'), Lille.

Verhaeghe, Et. (D'), Chef de Clinique à la Faculté de Médecine.

Vernier, Négociant, Lille.

Viviez, Négociant, Lille.

Wachmar, Vice-Président des Sociétés de Gymnastique de France.

Watel.

Wauquier, Ingénieur, Lille.

Wellhoff, Receveur Municipal.

Wertheimer (D'), Professeur à la Faculté de Médecine.

Wuillaume, Professeur au Lycée, Ajaccio.

Création d'une Bibliothèque de Manuels

L'Union a reçu deux subsides de cinq cents francs de Messieurs :

Lédieu-Dupaix, Consul des Pays-Bas et du Luxembourg pour le Nord, Président de la Société d'extension Universitaire.

A. Scrive-Loyer-Bigo, Industriel, Président de la Société Nationale
« l'Union Chorale des Orphéonistes Lillois ».

Nous avons reçu des livres du Ministère de l'Instruction Publique, de MM. les Doyens et Professeurs de l'Université, des auteurs
et des éditeurs de manuels classiques.

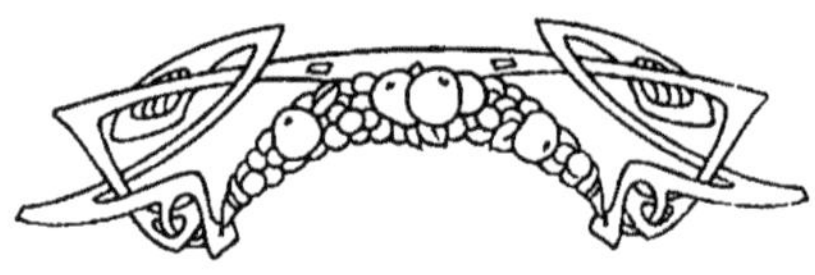

IMPRIMERIE
" La Gutenberg "
— 5 & 7 —
Rue Desrousseaux
LILLE

Photo Cayez

Façade de la Maison des Etudiants

Salle des Fêtes

Journaux, Publications, Périodiques & Revues

dont le service est fait

à l'UNION DES ÉTUDIANTS DE L'ÉTAT

Quotidiens de Paris

Le Journal.
La Libre Parole.
L'Aurore.
L'Humanité.
L'Action.
L'Éclair.
La Démocratie.
Le Figaro.
Le Journal des Débats.
Le Temps.
La République Française.
Le Rappel.
L'Univers.
L'Auto.
Les Nouvelles.

Quotidiens Régionaux

L'Écho du Nord.
Le Progrès du Nord.
Le Réveil du Nord.
Le Journal de Roubaix.
Le Petit Calaisien.
Le Phare du Nord.
Le Télégramme du Pas-de-C.
Le Petit Ardennais.
La Dépêche de Toulouse.
La Dépêche de Rouen.
L'Avenir du Pas-de-Calais.
La Scarpe.
La Dépêche Dauphinoise.
Le Hâvre Éclair
Le Petit Béthunois.

Hebdomadaires

Le Pilote de la Somme.
Le Petit Audomarois.
L'Observateur.
La Frontière.
Le Cri Cambrésien.
Douai Républicain.
La Scarpe.
Le Courrier de Cambrai.
Le Relèvement Social
La Vaclette.
Le Journal d'Hazebrouck.
Le Travailleur Libre.
La Vie Arrageoise.
Le Cambrésis.

Le Petit Cambrésien.
Le Cri des Flandres.

Illustrés

L'Illustration.
Fantasio.
L'Assiette au beurre.
Le Nord illustré.
La Dépêche Coloniale illustrée.
Heures littéraires illustrées.
Les Annales politiques et littéraires.
La Veillée des Annales.
La Vie Flamande illustrée.
Le Nord Aérien et Automobiliste.
Les Marches de l'Est.
L'Université des Annales.

Revues - Divers

La Revue (Revue des Revues).
Le Mercure de France.
Revue hebdomadaire.
Revue des carrières.
Le Penseur.
Le Journal des parquets.
Revue du Touring-Club de France.
Bulletin du Nord Touriste.
La Bibliographie.
Les Échos mondains.
Bulletin de l'Office du Travail.
Bulletin de la Société de photographie.
Le Football.
Bulletin de la Société de geographie.
L'Indicateur du Nord.
Le Nord Sportif.
Le Nord Artiste.
Les Annales de la Jeunesse laïque.
La Revue Germanique.
Les Annales du Nord.
La Brise.
L'Effort.
L'Hexagramme.
Revue de législation professionnelle.
La Vie Française.

L'Europe Nouvelle.
La Démocratie rurale.
Le Candidat aux emplois publics.
Le Réveil Syndical.
Bulletin de l'Enseignement secondaire (Lille).
Bulletin de la Mission laïque.
Les Sports à l'Université.
La Chasse et les Sports.

Journaux d'Étudiants

Lille-Université.
L'Union Libre (Lille).
La Jeunesse Pharmaceutique (Lille).
Nancy-Universitaire.
Dijon-Escholier.
Poitiers Universitaire.
Poitiers-Étudiant.
Toulouse-Universitaire.
L'Université de Paris.
L'A de Marseille.
L'Étudiant.
La Provence Universitaire.
Bulletin de l'Université de Lille
L'Écho des Étudiants (Gand).
L'Écho des Étudiants (Bruxelles).
Liége-Universitaire.
Cri Cri étudiant (Montpellier).
Propria Cures (Amsterdam).
P. V.. L. (Strasbourg).
La Bohême.

Publications médicales

L'Écho médical du Nord (Lille)
Le Nord médical (Lille)
Le Nord Pharmaceut. (Lille).
Le Petit Patricien (Lille).
La Pédiatrie Pratique (Lille).
Archives médicales.
L'Argus médical.
La Médecine internationale.
La Gazette des Hôpitaux.
La Gazette des hopitaux de Toulouse.
Le Progrès Médical.
Marseille médical.
Répertoire de médecine internationale.
Lyon médical.
Poitou médical.
Le Réveil médical.
Le Concours médical.
Æsculape.

La France médicale.
Gazette médicale de Paris.
Gazette médicale de Nantes.
Gazette médicale de Picardie.
Le Médecin Praticien.
Le Médecin de Campagne.
Le Médecin praticien de Lyon et de la Région.
Province medicale.
La Tribune médicale.
Revue médicale de l'Est.
Nouveaux remèdes.
Bulletin des Sociétés pharmacologiques.
Revue médicale des organes génitaux urinaires.
Revue d'ophtalmologie.
Bulletin médical.
Union médicale du Nord-Est.
Actualités thérapeutiques.
Bulletin de l'Association générale des pharmaciens de France.
Journal de Médecine de Paris.
Le Languedoc Médico-chirurgical.
Journal de médecine et de chirurgie pratiques.
Chanteclair.
L'Odontologie.
Journal odontologique.
Revue Médicale de Normandie.
Journal de Médecine interne.
Journal d'Hygiène.
Medica.
La Pathologie infantile.
L'Hygiène scolaire.
Journal Médical de Bruxelles.
Archives médicales d'Angers.
Archives internat, d'Oto, Rhinolaryngologie.
L'Auvergne médicale.
Bulletin de la Société Méd.-chirurgicale de la Drôme.
La Clinique.
La Revue médicale de Normandie.
Journal des Sociétés médicales
Bulletin médicale l'Algérie.
L'Aurore médicale.
Paris médical.
Archives de médecine et de pharmacie navale.
Archives médicales de Toulouse.
La Chronique médicale.
L'Enseignement médico-mutuel international.

 ## Amateurs Photographes 

FOURNISSEZ-VOUS CHEZ

Louis LESCROART

46, Rue de l'Hôpital-Militaire, 46

o LILLE o

PENSION DE FAMILLE DES AUGUSTINS

33, Rue Saint-Augustin, LILLE

CUISINE BOURGEOISE

REPAS à 1 fr. 25 et à 1 fr. 50 (Bière et Café compris)

DINER A LA CARTE. — SPÉCIALITÉ DE VIANDES PANACHÉES

CONSOMMATIONS DE 1er CHOIX

En outre de ses qualités apéritives, le

BYRRH

est un **Reconstituant tonique** à base de **Vin généreux** et de **Quinquina**.

On le consomme en Famille comme au Café